dtv

Erwachsen werden ist schwer, besonders für Jungen: Neben den ganz normalen Anfechtungen der Pubertät müssen sie eigenständig eine stabile Identität entwickeln zwischen den traditionellen Rollenvorstellungen vom »echten Kerl« und den veränderten Anforderungen an den »neuen Mann«. Vorbilder hierfür finden sie kaum. In Cheryl Benard und Edit Schlaffer haben sie allerdings engagierte Anwältinnen ihrer Sache: Die beiden Erfolgsautorinnen zeigen Eltern und Lehrern, wie sie die »einsamen Cowboys« auf ihrem schwierigen Weg begleiten können. Anhand von anschaulichen Beispielen, Porträts, Gesprächen mit Jugendlichen und konkreten Übungen legen sie dar, wie sich Jungen aus Rollenzwängen befreien, Selbstbewusstsein entwickeln und soziale Kompetenzen erwerben können. Damit sie ihre aufregende Reise durch die Pubertät auch als »richtige« Männer beenden.

Cheryl Benard und *Edit Schlaffer* leiten als Sozialwissenschaftlerinnen die Ludwig-Boltzmann-Forschungsstelle für Politik und zwischenmenschliche Beziehungen in Wien. Zahlreiche Buchveröffentlichungen, darunter: ›Rückwärts und auf Stöckelschuhen ... können Frauen so viel wie Männer‹ (1999), ›Die Physik der Liebe‹ (2001) und ›Die Emotionsfalle‹ (2002).

Cheryl Benard / Edit Schlaffer

EINSAME COWBOYS

Jungen in der Pubertät

Deutscher Taschenbuch Verlag

Ungekürzte Ausgabe
November 2002
2. Auflage Januar 2004
Deutscher Taschenbuch Verlag GmbH & Co. KG, München
www.dtv.de
© 2000 Kösel-Verlag GmbH & Co., München
Umschlagkonzept: Balk & Brumshagen
Umschlagfoto: © Zefa/Peisl
Druck und Bindung: Druckerei C. H. Beck, Nördlingen
Gedruckt auf säurefreiem, chlorfrei gebleichtem Papier
Printed in Germany · ISBN 3-423-36295-2

Inhalt

hören würden, und jeder davon hätte eine andere Meinung, wie man es machen soll. Der Entwurf eines Mitgefühls.

Echte Jungs

Das mit der Einsamkeit – das kommt aus diesem Kapitel. Und zwar aus unseren Gesprächen mit männlichen Jugendlichen. Vom gefürchteten Rowdy bis zum Luxuskerl mit eigenem Handy und Kreditkarte – junge Männer stehen ziemlich allein da auf weiter Flur: auf windiger, kalter, harter Flur. Der Entwurf einer Solidarisierung.

Mammutjäger als Pädagogen

Zunächst wird festgestellt, dass Jungen nicht nur »Männer« brauchen, sondern doch vielleicht auch Männer von einer gewissen Qualität, und anschließend wird dafür plädiert, Vaterschaft auch oberhalb der Gürtellinie zu praktizieren.

Am Busen der Feministin

Hier wird die gar nicht schlechte neue Pädagogik moderner Mütter identifiziert und ein erster Versuch unternommen, sie festzumachen.

Die Abgeholten

Die modische »Jungenarbeit« will die Jugendlichen »dort abholen, wo sie sind«. Doch wohin geht die Reise, nachdem sie abgeholt wurden? Wir studieren den Fahrplan und machen uns Sorgen.

Ein Baukasten für Kreative und Bastler

Übungen, Themen, Interventionen für die Renovierung und Reparatur der Männlichkeit in Schule, Freizeit und Familie.

Einleitung

Das Ziel wird längst nicht mehr kontrovers diskutiert. Die herkömmlichen Geschlechtsrollen sind veraltet, wir wollen nicht so leben wie unsere Urgroßväter und Urgroßmütter und vor allem wollen wir unsere Kinder nicht mehr erziehen für die Steinzeit. Gut, aber wie filtert sich diese Absicht in den Alltag? Was nützen uns die abstrakten Ziele und Absichten, wenn wir hier und heute am Frühstückstisch, im Wohnzimmer, im Vorraum des Klassenzimmers, um Mitternacht – und der Sohn ist noch nicht zu Hause –, am Schuljahresende – und das Zeugnis ist eine Katastrophe –, im Mikrokosmos unseres wirklichen Lebens stehen und dort agieren und reagieren sollen?

Als Eltern oder als Lehrkräfte sehen wir die Situation männlicher Teenager als Nahaufnahme, indem wir wie durch das Zoom-Objektiv einer Kamera auf irgendeinen spezifischen Vorfall blicken. Wir sind dicht dran am Geschehen. Wir sehen ein Problem, eine Entscheidungssituation, ein Dilemma, eine Sorge, einen Vorfall.

Könnten wir ein paar Schritte zurücktreten, die Weitwinkeleinstellungen wählen, den Panoramaüberblick gewinnen, dann würden wir erkennen, dass diese einzelnen Erziehungsvorfälle mit einer viel größeren Sache zusammenhängen: Es geht um nichts Geringeres als darum, wer die Zukunft gestalten wird. Hier nehmen junge Männer eine Schlüsselposition ein.

Wie wird unsere Gesellschaft in Zukunft aussehen, und welche Werte werden maßgeblich sein? Mädchen und Frauen sind in dieser Frage wichtig, wie wir aus der sozialen Revolution der letzten Jahrzehnte ganz deutlich sehen können. Die Art, wie wir zusammenleben, hat sich radikal verändert, weil Mädchen und Frauen es anders haben wollten und weil sie selber, mit viel Mühe und in einem noch lange nicht abgeschlossenen Lernprozess, sich veränderten. Aber so richtig und grundsätzlich und endgültig werden diese Veränderungen erst greifen, wenn auch die Männer am Prozess beteiligt sind.

Konservative Kräfte wollen das verhindern: Wenn junge Männer weiterhin durch Spott, Niedermache und die primitive Kontrolle der Jungenclique zur Anpassung gezwungen werden können, dann werden weitere soziale Fortschritte zumindest verzögert.

Junge Männer lernen, sich unterzuordnen, weite Teile ihrer Persönlichkeit und ihres Empfindungsvermögens und ihrer Träume wegzuschieben und auszumerzen. Nun sind sie bereit für den klassischen Arbeitsprozess, die klassische Politik, die klassische Männeröffentlichkeit, dafür aber schwer belastet und behindert für das Privatleben und das Leben in der Familie. Wie die Eunuchen, die den Palast verteidigen, werden junge Männer gedrillt und gezüchtet als Kaste, die die Kernstücke der konservativen Ordnung fortsetzen und bewachen soll. Dieser Vergleich mag seltsam klingen, da der traditionelle Standpunkt scheinbar eine archaische Männlichkeit vertritt. Doch gerade Eltern und Lehrkräfte wissen, wie viel Verstümmelung und Unterdrückung authentischer Persönlichkeiten notwendig ist, um aus vielfältigen jungen Menschen schablonenhafte »echte Jungs« zu machen.

Wenn Sie das nicht gut finden, wenn Sie für Ihren eigenen Sohn mehr Freiheit wollen, dann ist es Ihre Aufgabe als Mutter, als Vater oder als Lehrkraft, den individuellen Spielraum für alle Kinder zu erweitern.

Die Entstehungsgeschichte dieses Buches ist schnell erklärt. Wir waren vier Jahre lang mit Forschungsprojekten unterwegs, die in einem schulischen Umfeld und/oder mit Jugendlichen zu tun hatten. Und dabei entdeckten wir zwei überraschende Dinge.

Erstens entdeckten wir, dass die jungen Männer ausgesprochen flüssig, interessant und offen über ihre Lebensumstände und die Probleme des Erwachsenwerdens sprechen. Sie hatten sehr viel Durchblick – mehr, als wir ihnen zugetraut hätten, wofür wir uns hier nachträglich entschuldigen, und mehr, als ihre Lehrer und Eltern ihnen zutrauten, weswegen wir diesen dringend raten möchten, ihre Einstellungen neu zu überdenken.

Die jungen Männer taten mitunter zwar eigenartige Dinge, um von einer Clique anerkannt zu werden, doch nur selten waren das echte irrationale Handlungen. Erstaunlich oft konnten sie genau erklären, warum sie ein bestimmtes Verhalten wählten, welchen Zweck sie damit verfolgten, warum es ihnen notwendig erschien, warum sie sich in einer Zwangslage fühlten und meinten, sich nur so und nicht anders herausretten zu können. Sie konnten erklären, warum sie sich in Raufereien verwickelten, warum sie Klassenräume demolierten, warum sie tranken und rauchten. Sie schilderten Annäherungsversuche älterer Männer an sie in der U-Bahn und Versuche von Dealern, sie anzuwerben. Ein wildes Land tat sich auf, in dem diese oft noch sehr jungen Jugendlichen gezwungen waren, sich irgendwie durchzuschlagen.

Das Bild der Erwachsenen, das die jungen Männer zeichneten, war vielfältig, aber nicht unbedingt sehr erbaulich. Die Kinder blieben oft erschreckend allein in ihren Versuchen, diese Lebensstrecke zurückzulegen.

Und zweitens entdeckten wir, dass dieses Alleinlassen ganz besonders die männlichen Kinder und Jugendlichen betrifft. Das gilt für Eltern, Lehrer, Jugendarbeiter und sonstige Erwachsene. Eltern behüten ihre Mädchen mehr, stellen ihnen mehr Fragen (und wissen daher auch mehr über ihr Leben) und geben ihnen mehr Regeln mit (und bieten ihnen damit auch einen mitunter willkommenen Vorwand, etwas *nicht* mitzumachen). Engagierte, politisch aktive LehrerInnen setzen sich kreativer für Mädchen ein. Die neuen Erziehungsideen, die aufbauenden Programme betrafen fast ausschließlich die Mädchen. Jungen sind die Stiefkinder der Moderne.

Zwar gibt es eine Reihe von theoretischen Büchern über die »männliche Adoleszenz« – doch die Entfernung zwischen diesen Erörterungen und der Welt dieser Jungen ist viel zu groß. Es war für uns nicht wirklich vorstellbar, dass etwa Karls Vater – nachdem er in die Schule gerufen wurde und dort der Lehrerin erklärte, dass die Pornohefte, die sein Sohn bei ihm zu Hause gefunden und in die Schule mitgenommen hatte, legal an jedem Zeitungskiosk erhältlich seien und sie sich daher um ihren eigenen Kram kümmern solle, und dann, nachdem er nach Hause gegangen und Karl eine Ohrfeige verpasst hatte mit dem Hinweis, er möge in Zukunft nicht mehr in seinen Schubladen herumkramen –, dass dieser Vater sich danach gemütlich hinsetzt und beispielsweise das Buch *Richtige Jungen* von William Pollack studiert, um zu sehen, wie er es vielleicht demnächst besser anpacken könnte.

Nicht dass wir die Illusion hätten, Karls Vater würde lieber unser Buch lesen. Nein, aber in den vorhandenen Werken finden wir auch kaum Hinweise für gutwillige Außenstehende. Die Lehrerin im genannten Porno-Vorfall schrieb danach nicht nur den Vater, sondern auch gleich den Sohn mit ab. »Adoleszenztheorien« – schön und gut. Aber was heißt das für mich als Mutter oder Vater von diesem 14-Jährigen, für mich als Lehrer oder Lehrerin mit diesem Zimmer voll von 16-Jährigen?

Für uns war es absolut augenöffnend, die Geschichten der einzelnen jungen Männer zu hören. »Von denen kommt nichts« hatte es immer und immer wieder geheißen. Lehrer, die versucht hatten, mit ihnen analog zu den Mädchengruppen eine Art Diskussions- oder Selbsterfahrungsgruppe zu bilden, warfen nach ein paar Monaten verdrossen das Handtuch.

»Von denen kommt nichts.« Das übersah die Zwangslage, in der Jungen sich befinden, sobald sie in Gruppen von ihresgleichen sind. Es überging aber auch die klare Sicht, mit der die Jugendlichen diese Zwangslage erkennen und beschreiben können. »Die Mädchen haben immer ihre beste Freundin an der Hand«, beobachtete zum Beispiel Kurt etwas neidisch. Das könne sich ein Junge nicht leisten, denn »wenn man immer mit ein und demselben Kerl rumhängt, wird man misstrauisch beäugt. Ich halte daher lieber Distanz.«

Wir wollen nicht blauäugig behaupten, alle Jugendlichen seien gut und edel und intelligent und missverstanden. Aber es ist zu beobachten, dass die Erwachsenen sich in der Regel viel zu früh ausklinken. Das fängt beim Kellner an, der seinen 13-jährigen Kunden Cola mit Rum ausschenkt, setzt sich fort beim Lehrer, der in falscher Verbrüderung mit seinen 14-jährigen Schülern beim Klassenausflug eine »Verdauungszigarette« raucht, und meint ganz besonders die Eltern, die ihr Werk zu früh für beendet erklären.

Dieses Buch enthält auch Elemente eines experimentellen Baukastens. Im letzten Kapitel finden Sie konkrete Vorschläge und Übungen, die beim einen oder anderen Problem nützlich sein können. Nicht jedes Bauvorhaben, nicht jede Reparatur werden Sie damit durchführen können. Das eine oder andere Werkzeug, das sie gerade gebraucht hätten, wird fehlen. Umgekehrt aber werden Sie entdecken, dass viele der Übungen und Vorschläge genauso relevant für Mädchen sind, oder für Erwachsene, und dass Übungen, die für die Schule gedacht sind, auch zu Hause funktionieren – und umgekehrt.

Wir danken Dr. Christian Ehalt und der Magistratsabteilung 18, Wissenschaft und Forschung, im Rathaus der Stadt Wien für die engagierte Unterstützung des vorliegenden Projektes.

Die Politik
der Pubertät

Männer sind zwar, wenn wir den berühmten chinesischen Spruch umdrehen, auch nur die »Hälfte des Himmels«. Politisch gesehen – und wenn wir es realistisch betrachten – sind sie aber die wichtigere, die entscheidende Hälfte. Männer haben immer noch bedeutend mehr Macht und mehr Einfluss als Frauen, sie kontrollieren die Institutionen und sind in der Gesellschaft dominant. Erst wenn Männer sich verändern, können wir sagen, dass die Gesellschaft wirklich, verlässlich, bleibend und grundsätzlich anders geworden ist.

In den letzten Jahrzehnten hat, getragen von Frauen, eine eindrucksvolle Revolution stattgefunden, die viele Machtstrukturen gefährdet oder verändert hat. Die Mauern sind abgebröckelt, aber das Fundament steht noch, und es wird so lange stehen, wie die Männer am Rande oder außerhalb dieser sozialen Revolution bleiben. Für das Patriarchat sind männliche Jugendliche daher die Frontlinie, die unbedingt halten muss.

Man kann nicht mit dem rechten Bein einen Weitsprung machen, während das linke Bein zu den gesetzten Tönen eines Radetzkymarsches einherschreitet. Genau das versucht unsere Gesellschaft aber seit geraumer Zeit. Sie toleriert die Veränderungen, die Weitsprünge der Frauen, hält die Männer aber an einen gemäßigten Eh-und-Je-Gleichschritt. Ein typisches Frauenleben von heute hat wenig Ähnlichkeit mit einem typischen Frauenleben vor 50 Jahren. Eine Frau heute hat ihr eigenes Konto, ihre eigene Kreditkarte, ihren eigenen Job, ihre eigenen Gedanken und Wünsche, ihre gesetzlichen Rechte. Demgegenüber ziehen wir Männer heran, die nur technisch, nicht aber menschlich in das dritte Jahrtausend passen. So aufzuwachsen ist schmerzlich und unangenehm.

Ihnen als Mutter oder Vater geht es um Ihren speziellen Jugendlichen – um die Qualität Ihrer Beziehung zu ihm, um seine Sicherheit, seine Zukunft und seine glückliche Entwicklung zu einem funktionsfähigen Erwachsenen. Ihrem Sohn geht es um seine Freiheit, um wachsende Autonomie und um Anerkennung von seinesgleichen.

Doch Sie müssen sich bewusst machen, dass es darüber hinaus noch um ganz andere Dinge geht, nämlich darum, welche weltanschauliche Partei das Herz und die Stimme Ihres Sohnes gewinnen wird. Welche Art von Welt wird er mitgestalten? Wie wird er leben?

Das Verhalten heranwachsender Jungen ist oft problematisch, vor allem für sie selber. Wir stecken sie in Schablonen, die schon lange überholt sind. Wir sehen ratlos zu, wie eine bunte, vielfältige Masse an sensiblen, intelligenten, mannigfaltig begabten Jungen mit zehn, elf Jahren in das höhere Schulwesen eintritt und dort einem Anpassungsprozess unterworfen wird, der in scheinbarer Eigendynamik die individuellen Jungen einverleibt, weite Teile ihrer Individualität aus ihnen herauspresst, herausprügelt und sie standardisiert.

Mädchen verlieren in der Pubertät, heißt es, ihre »Stimme« – ihren Mut zu eigenwilligen Meinungen. Jungen verlieren ihre Farbe. Und wenn sie ihre Stimme behalten, ja, in diesen Jahren sogar eine lautere, tiefere Stimme bekommen, dann keineswegs, um damit ihre individuellen, neuen, ehrlich empfundenen Gedanken zu äußern.

Dem Patriarchat geht es weder um das Wohlergehen noch um das Glück der Jungen. Es geht darum, dass sie gehorsam bleiben und sich anpassen, damit trotz bröckelnder Wände das antike Fundament der alten Machtordnung bestehen bleiben kann. Aus diesem Ziel erklären sich die auffälligsten negativen Merkmale im Leben von jungen Männern.

Jungen gegenüber hinkt die Pädagogik um etliche Jahrzehnte hinter der Erziehung der Mädchen her: Die Erziehung der Mädchen ist viel besser, moderner und befähigender geworden. Die Erziehung der Jungen aber zielt weiterhin auf Anpassung und verwendet dazu die altmodischen Mittel wie Zwang und Beschämung.

Wir halten uns für eine freie Gesellschaft, doch in Wirklichkeit ist der Spielraum für junge Männer enger denn je. Im Mittelalter war es schick, wenn ein junger Mann Dichter oder Minnesänger sein wollte. Kein Junge würde heute zugeben, dass er Gedichte mag oder romantisch-verklärte Gedanken hegt. Musik, Literatur, Gedichte, Kunst, beschauliches Nachdenken, empfindsame Reaktionen, Mitleid, Angst – das alles ist für moderne junge Männer tabu. Eiskalt und abgebrüht sollen sie sein. Nur eine winzige psychopathische Minderheit kommt so auf die Welt, wie der ideale prototypische 16-Jährige sich heute dem Modeideal entsprechend geben soll. Der Rest wird durch Einschüchterung und Aggression dazu gebracht, so aufzutreten.

Wie können Sie sich dem widersetzen? Zunächst müssen Sie lernen, das Vorgehen der Gegenseite zu durchschauen. Pädagogische Gemeinplätze, Lehrbücher und Ratgeber sind nicht neutral, wenn es einen Wertekonflikt in einer Gesellschaft gibt. Ihre Empfehlungen sind mit Vorsicht zu genießen. (Das gilt im Übrigen auch für die Jungenarbeit, die, wie wir noch sehen werden, oft von sehr konventionellen Werten geleitet ist.)

Jungen leiden sehr unter dem Prozess der gewaltsamen Anpassung. Der bewusst wahrgenommene Leidensdruck erreicht seinen Höhepunkt während der Pubertät. Das Alter zwischen 11 und 17 Jahren ist entscheidend.

Wenn Sie das Kapitel »Echte Jungs« lesen, werden Sie möglicherweise genauso erstaunt sein, wie wir es während der Interviews mit den Jugendlichen waren, mit welcher Artikuliertheit und überraschenden Bewusstheit junge Männer ihre Situation und ihre Gefühle beschreiben. Sie erkennen recht genau die Zwangslage, in der sie sich befinden, und die Überlebensmaßnahmen, mit denen sie versuchen, sich durchzuboxen. Es wird beim Lesen sehr deutlich, an welchen Punkten diese jungen Leute die Solidarität und Unterstützung ihrer Erzieher brauchen.

Wer Kontrolle gewinnen will über Jugendliche und Kinder, muss sie zuerst von ihren zuständigen Erziehern loseisen. Sekten gewinnen ihre jugendlichen Opfer, indem sie vernachlässigte Kinder ansprechen oder indem sie die Kinder gezielt von ihrer Familie entfremden.

Der »böse Onkel« schnappt sich die Kinder auf dem Heimweg aus der Schule, wenn keine anderen Erwachsenen dabei sind. Und das Patriarchat kann sich die männlichen Jugendlichen auch erst holen, wenn es ihm gelingt, die Bindung zur Familie zu lockern. In früheren Zeiten lief diese Lockerung umgekehrt: Autoritätsgläubige Eltern ließen ihre Söhne losziehen in den Krieg, übergaben sie gehorsam dem Staat. Die aktuelle Jugendkultur (= »Trash-Kultur«, frei übersetzt: »Müllkultur«) wirkt provokatorisch, befreiend, jung, aber über weite Strecken ist sie nur ein Instrument des Patriarchats. Sie gibt den Jugendlichen das Gefühl, sich gegen die Autorität der älteren Generation aufzulehnen. Aber wer stellt die Trash-Kultur eigentlich her? Nicht die Jugendlichen selber, sondern Kommerz- und Industriebosse.

Und das gilt nicht nur für die Geschlechterfrage. Auffallend ist an der Trash-Kultur auch, dass sie bar jeden sozialen Inhaltes ist. Die Actionfilme und Gewaltvideos haben keinerlei sozialkritischen Charakter. Damit wird der soziale Liberalismus bei der nächsten Generation unterminiert.

Mütter sind die potenziell stärksten Bündnispartnerinnen ihrer heranwachsenden Söhne. Sie werden daher ausgeschaltet, und zwar indem sie durch falsche psychologische Argumente dazu bewegt werden, sich zurückzuziehen. Ein zweiter Trick ist, sie gegen die Väter auszuspielen.

Mütter sind in diesem Prozess absolut zentral. Ihr wichtigstes Anliegen ist es, dieses Kind, das sie 10, 12 oder 15 Jahre lang versorgt haben, auch weiterhin vor Gefahren und Verletzungen zu beschützen. Will man Kontrolle über das Kind bekommen, muss die Mutter ausgeschaltet oder lahm gelegt werden. In primitiven patriarchalischen Systemen ging das ganz einfach: Man nahm den Müttern ab einem gewissen Alter die Söhne weg. Heute geht ein so plattes Vorgehen nicht mehr, und die Mutter muss auf subtilerem Weg zurückgedrängt werden. Man kann zum Beispiel versuchen, die Mütter davon zu überzeugen, dass ihr Einfluss für das Kind schädlich ist. Damit kann man sie dazu bringen, sich freiwillig zurückzuziehen.

Ist es aber notwendig, sich aus dem Leben eines heranwachsenden Sohnes zurückzuziehen? Natürlich, denn junge Leute müssen schrittweise in die Lage versetzt werden, ihr eigenes Leben zu führen, eigene Entscheidungen zu treffen und mit Problemen selber fertig zu werden. Gilt das wiederum pauschal für jedes

Problem, das ein Junge hat? Nein, keineswegs. Wenn es sich beispielsweise um eine Situation handelt, in der er sich besser gar nicht befinden sollte, dann sind die Erwachsenen verpflichtet, ihn zu schützen. Ein Beispiel: Der Junge wird in der Schule von anderen Jugendlichen gehänselt und gequält. Er geht aber nicht in die Schule, um da ein Dschungel-Überlebenstraining zu machen. Er hat dort vielmehr ein Recht auf Respekt und Frieden, und die Erwachsenen haben dafür zu sorgen, dass es auch so läuft.

Seien Sie misstrauisch, wenn man Ihnen nahe legen will, den Sohn nicht zu verweichlichen. Wer »Weichheit« für eine schlechte Eigenschaft hält, gehört aller Wahrscheinlichkeit nach bereits zur Gegenseite und will Sie nur schachmatt setzen.

In diesem Buch zeigen wir auf, wie das funktioniert, was es für Eltern und Teenager bedeutet und wie es von den Jungen selber erlebt wird. Exemplarisch zeigen wir an einigen Stellen, wie Sie dagegen auftreten können.

Und als Vater dürfen Sie sich nicht zum Trojanischen Pferd Ihrer Familie machen lassen. »Schlag zurück« – war das ein Leitsatz, der Ihnen in Ihrer eigenen Kindheit geholfen hat? Solidarisieren Sie sich mit Ihrer Familie und Ihrem Kind, nicht mit irgendwelchen stumpfsinnigen Parolen.

Auf den Platten

Im Kapitel »Die Politik der Pubertät« haben wir beschrieben, dass der Kampf um die Kontrolle der männlichen Jugend eine starke politische Dimension hat. Aber die Pubertät ist natürlich nicht nur eine politische, sondern auch eine biologische und soziale Zeit. Wir wollen uns kurz damit auseinander setzen, wie diese Lebensphase für die Betroffenen aussieht.

»Adoleszenz« beschreibt die Lebensphase, die sich etwa vom 12. bis zum 17. Lebensjahr erstreckt und den Übergang zwischen Kindheit und Erwachsenenalter darstellt. Ein Junge, der sich in dieser Phase befindet, erlebt typischerweise Folgendes:

- Er versucht sich von der Kontrolle und dem Einfluss der Eltern zu distanzieren, seine Autonomie zu behaupten und eigene Meinungen auszuprobieren.
- Er erprobt verschiedene Strategien im Umgang mit Autoritätspersonen und in der Lösung von Problemen.
- Die Wirkung, die er auf andere und auf seine Gruppe hat, ist ihm sehr wichtig.

- Er interessiert sich zunehmend dafür, wie er auf das andere Geschlecht wirkt.
- Er erlebt körperliche Veränderungen und ist sehr besorgt, mit diesen Veränderungen im Normbereich zu liegen beziehungsweise – zum Beispiel bei der Körpergröße – im Spitzenbereich zu landen.
- Er entdeckt neue Regungen in verschiedenen Lebensbereichen, nicht nur, aber auch sexueller Art.
- Die erwachsene Zukunft mit ihren ernsthafteren, erschreckenden, aber auch reizvollen Aspekten rückt näher.

Diese Erfahrungen sind vergleichbar mit der Adoleszenz von Mädchen; die Unterschiede ergeben sich in den Schwerpunkten und in der Unterschiedlichkeit der weiblichen und männlichen Sozialisation in unserer Gesellschaft. Bedürfnisse werden anders empfunden, Probleme typischerweise anders ausgelebt infolge der unterschiedlichen sozialen Steuerung und Erwartung.

Was bedeutet die Adoleszenz für einen Jungen? Experten lassen sich mitunter zu einem dramatischen Vokabular hinreißen, wenn sie das beantworten sollen. Garrison Keillor nennt sie schlichtweg einen »schlechten Drogentrip. Du fühlst dich aufgewühlt, durch deinen Körper pumpen Chemikalien der Wut und Verzweiflung, und du verlässt diesen Lebensabschnitt nur mit ernsten Verletzungen.«* Und C.G. Jung beschreibt die männliche Adoleszenz als einen »Sturm«, der ganz plötzlich über den jungen Menschen hereinbricht und ihn mit archaischen Bedürfnissen und Trieben konfrontiert.**

---

* Garrison Keillor: »About Guys«, in: *New York Times* vom 27. Dezember 1992.
** C.G. Jung: *Aspects of the Masculine,* Princeton 1989, S. 52 ff.

Wenn wir sagen, dass die Adoleszenz ein »Übergang« ist, dann nicht im Sinne einer Türschwelle, über die man leichtfüßig schreitet, sondern eher im Sinne von zwei seismischen Platten, die sich ruckartig auseinander bewegen, während Sie mit jedem Fuß auf einer anderen der beiden Platten stehen. Teenager leben in mehreren Welten gleichzeitig, diese Welten widersprechen sich, und in jeder Welt gibt es mächtige Figuren, die über die Mittel verfügen, um sie zu strafen und ihnen wehzutun. Beobachten Sie einen Teenager in einer Situation, in der gleichzeitig ein Lehrer, ein Elternteil, einer seiner guten Freunde und ein Rivale aus seiner Klasse anwesend sind. Er wird sehr unsicher, weil er für jeden dieser Zusammenhänge sorgfältig ein Image aufgebaut hat, das aber unvereinbar ist mit den jeweils anderen.

Eine solche Situation ist sogar für Erwachsene schwer. Bestimmt haben Sie schon einmal vom Büro aus ein Privatgespräch geführt. Erinnern Sie sich an das Gefühl? Sie wissen, dass Ihre Kollegen alle mithören, und wählen Ihre Antworten entsprechend. Ihr Ton ist kühler, als er sonst wäre, Ihre Formulierungen sind gespreizt. Und wenn Ihr Gesprächspartner – der von zu Hause telefoniert und sich ganz frei äußern kann – sich gar zu einer Liebesäußerung hinreißen lässt, dann erwidern Sie keinesfalls: »Ich liebe dich«, sondern Sie murmeln nur diskret: »Ich auch.«

Es gibt sogar eine amerikanische Fernsehwerbung, die diese Situation zum Inhalt hat: Ein Raum voll von Geschäftsleuten wartet darauf, mit einer Sitzung zu beginnen. In einem Eck murmelt ein junger Mann verstohlen in sein Handy, windet sich verlegen, kann sich scheinbar aus dem Gespräch nicht lösen, bis es seinem Chef schließlich zu bunt wird und der abgeklärt vorschlägt: »Vielleicht kann Herr Meier seiner Frau endlich sagen, dass er sie liebt, damit wir hier weitermachen können.«

Diese Situation illustriert den Druck, den wir empfinden, wenn wir uns von unterschiedlichen Publikumsgruppen beobachtet fühlen. Wie viel schlimmer ist diese Situation aber für junge

Leute in der Pubertät, die erst dabei sind, ihr persönliches Auftreten, ihren Stil und ihre Sicherheit in öffentlichen Situationen zu finden!

Skizzieren wir einige der typischen Druckfaktoren, mit denen ein Jugendlicher zurechtkommen muss:

- Die Schule fordert Arbeit und Leistungen, oft solche, deren Sinnhaftigkeit für den Jugendlichen nicht nachvollziehbar sind und die nicht logisch erscheinen, sondern nur Stress machen: still sitzen in langweiligen Unterrichtsstunden, Fakten lernen, von denen man sich keinerlei Nutzen für das spätere Leben erwartet, die Ideen von irgendwelchen Personen herunterbeten, die irgendwann einmal zu klassischen Denkern ernannt wurden.
- Gleichzeitig fordert die Schule unliebsame soziale Leistungen: Gehorsam auch gegenüber unangenehmen Lehrern, die ihre Autoritätsposition genießen, Akzeptanz von Standards und Routinen, die nicht unbedingt mehr zeitgemäß und schon gar nicht demokratisch sind.
- Parallel dazu stellt die Jugendlichenkultur ihre eigenen, mitunter unvereinbaren Anforderungen: eine Clique finden und sich deren Kultur anpassen, eine Position erkämpfen und halten.
- Dann die Eltern mit ihren eigenen Erwartungen – und sie als Kollektiv zu nennen, vereinfacht die Dinge zu Unrecht, denn Mutter und Vater haben oftmals sehr unterschiedliche Erwartungen an einen Sohn.

Sehr leicht entstehen Konfliktsituationen durch diese Vielfalt an Beobachtern. Erinnern Sie sich noch an die Zirkusse der Vergangenheit, in denen die Aktion sich gleichzeitig in drei Manegen abspielte? Der typische Jugendliche hat die umgekehrte Situation: Er ist in der Manege, und sein Auftritt wird von einem dreifachen Publikum beobachtet, das an total unterschiedlichen Stellen applaudiert. Um Kummer zu vermeiden, muss er allen dreien gefallen.

In der Praxis stehen junge Männer oft in Situationen, in denen ihre Eltern, die Schule und ihre Clique drei unterschiedliche Reaktions- und Handlungsweisen von ihnen verlangen. Rauchen? Gar nicht, sagen die Eltern. Ja, aber nur im Raucherklo, sagt die Schule. Sieht lässig aus, sagt die Clique. Was sagt er selber? Überwältigt von der Aufgabe, dem dreifachen Publikum gerecht zu werden, kommt der Junge oft gar nicht dazu, sich diese Frage zu stellen.

Realistischerweise lässt sich der Widerspruch oft nur lösen durch Geheimhaltung. Geheimhaltung trennt die Gruppen, und sie müssen voneinander getrennt werden, weil sie nicht miteinander vereinbar sind. Der junge Mann gibt seiner Clique den Eindruck, dass er cool ist, sich von seinen Eltern nichts sagen und schon gar nichts verbieten lässt. Unbemerkt schleicht er sich zu einer Telefonzelle, um daheim anzurufen, seinen Aufenthaltsort und die Zeit seiner Rückkehr der besorgten Mutter mitzuteilen. Weil er sich gegenüber der Clique gleichgültig zeigen muss hinsichtlich seines Schulerfolgs, unternimmt er nichts gegen eine schlechte Note, obwohl er viel lieber mit dem Lehrer eine Zusatzaufgabe vereinbaren würde.

Das alles trifft weitgehend auch für Mädchen zu, mit einigen Unterschieden in der Nuance. Die spezielle Verschärfung bei Jungen ist, dass ihre Clique von ihnen meist mehr Aufsässigkeit erwartet.

Es ist sehr wichtig, die Zwangslage der Jugendlichen anzuerkennen und ihnen hier entgegenzukommen. Lehrer sollten es sich zum Prinzip machen, Probleme grundsätzlich allein und privat mit den einzelnen Schülern zu besprechen. Auch bezüglich Nachprüfungen, Zusatzreferaten und Ähnlichem ist es sinnvoll, diese unter Wahrung von Diskretion zu vereinbaren. Das ermöglicht es dem Schüler, seinen Freunden und vor allem seinen Widersachern eine gesichtswahrende Version aufzutischen. Grundsätzlich ist natürlich anzustreben, dass die Schüler dem Druck ihrer Peer-group widerstehen lernen, dass sie sich der Tyrannei des ewigen »Cool-Seins« entziehen. Aber das geschieht nicht von heute auf morgen, und unser schlichtes Eingangsbeispiel mit dem Telefonat soll uns daran erinnern, an junge Leute keine höheren Anforderungen zu stellen als an uns selbst.

Die Peer-group

Wir wollen modischen Fachausdrücken nicht mehr Ehre schenken, als ihnen gebührt, aber dieser spezielle Fachausdruck ist essenziell für ein Verständnis der Teenager. Was ist das, eine Peer-group? Es ist jener Ausschnitt der Altersgleichen, deren Meinung für den Jugendlichen wichtig ist. Irreführend ist an diesem Ausdruck, dass er monolithisch klingt. Die meisten jungen Leute haben eine vielschichtige, diffuse Peer-group.

Dazu gehört sowohl die »virtuelle« Peer-group, die nur in der Phantasie des Betroffenen existiert und sich zusammensetzt aus den Dingen, Moden und Verhaltensweisen, die einen abstrakten Standard für ihn setzen. Sie sind das Produkt von Film, Fernsehen, Werbung und angelesenen Informationen über die vermeintlichen Werte seiner Idole sowie all jener Personen seiner Generation, die er bewundert und schick findet. Dazu gehört aber auch die »unfreiwillige« Peer-group derjenigen Altersgenossen, mit denen er seine Zeit verbringt in Schule, Nachbarschaft und Freizeit.

Innerhalb dieser hat er gewisse Wahlmöglichkeiten, indem er sich bestimmte Freunde sucht und Anschluss an eine bestimmte Clique sucht.

Erwachsene äußern den Begriff Peer-group oft mit einer gewissen negativen Ehrfurcht, weil sie wissen, dass diese für sie in vieler Hinsicht undurchschaubare Gruppe sehr viel Macht über den Jugendlichen besitzt. Diese Macht ergibt sich bereits aus den nackten Tatsachen seines Lebens: Teenager verbringen durchschnittlich mehr als die Hälfte ihres Tages mit ihresgleichen, aber nur fünf Prozent des Tages mit ihren Eltern. Die Werte der Jugendlichenkultur haben einen automatischen Bonus, weil sie als zeitgemäß und emanzipierend gelten, während die Meinung von Erwachsenen tendenziell als überholt und einschränkend gilt.

Trotzdem ist es falsch, die Peer-group überzubewerten. Und falsch ist es vor allem, sich selber als passiv und hilflos gegenüber den Einflüssen der Peer-group zu erleben.

In erster Linie ist zu bedenken, dass die Erwachsenen aktive Mitbegründer jedweder Peer-group sind, der ein Jugendlicher angehört. Das trifft auch und vor allem auf die abstrakte, virtuelle Peer-group zu. Die vermeintliche »Jugendkultur« ist in Wahrheit ein Produkt der Erwachsenen, ja sogar ein Produkt dessen, was wir in den aufsässigen 60er- und 70er-Jahren als »das Establishment« bezeichneten. Die Jugendidole sind das Produkt alternder Macher in Hollywood. Werbung, Film und Jugendzeitschriften werden geschaffen und vermarktet von der alteingesessenen diesbezüglichen Industrie. Der Gedanke, dass Rauchen cool ist, kommt der Tabakindustrie entgegen, der es gelingt, die ehrlichen Advokaten und Freunde der Jugendlichen (ihre Eltern und andere besorgte Erwachsene) zum Feindbild zu machen.

Auch die reale Peer-group ist in mehrerlei Hinsicht von Erwachsenen geschaffen. Die Wahl von Wohnort und Schule spielt bereits eine grundlegende Rolle. Noch mehr Einfluss haben die Erwachsenen, wenn es um die spezifische Peer-group geht. Welche Sportarten und Freizeitaktivitäten haben Sie von jeher gefördert? Welche Möglichkeiten hat Ihr Sohn, sich mit Altersgleichen zu treffen – wenn die Freunde zu ihm nach Hause kommen dürfen, haben Sie viel mehr Einfluss, als wenn er irgendwo auf der Straße mit ihnen herumlungert. Welche Möglichkeiten schaffen

Sie, die Freunde kennen zu lernen? Familienunternehmungen am Wochenende können durchaus die Freunde mit einschließen – die meisten Teenager sind sogar eher bereit, an Familienausflügen teilzunehmen, wenn sie ihre Freunde mitbringen dürfen – und Sie bekommen ein ganz anderes Bild vom Umgang Ihres Kindes. Das wiederum schafft eine viel bessere Gesprächsbasis. Ihr Sohn wird Ihnen eher erzählen, was in seinem Leben und im Leben seiner Freunde vorfällt, wenn Sie den betreffenden Personenkreis kennen.

Im Alter ab 15 Jahren begreifen sich junge Leute allmählich als gleichberechtigte »Sozialpartner«. Manche Eltern denken, dass Personen dieser Alterskategorie gar kein Interesse daran hätten, sich mit ihnen zu unterhalten. Das ist falsch. Junge Leute in diesem Alter haben oft interessante Meinungen und geben sie auch gerne kund, wenn jemand ernsthaft zuhört. Sie sind oftmals begabte Karikaturisten und Satiriker und können ihre Umwelt großartig darstellen. Es lohnt sich in jeder Hinsicht, ihre Gesellschaft zu suchen, und jede Investition, die dem förderlich ist, rechnet sich. Kaufen Sie am Flohmarkt eine alte Pingpongplatte und stellen Sie sie irgendwo auf, im Garten, im Keller. Veranstalten Sie regelmäßige Pizzaabende für den Freundeskreis Ihrer Kinder oder kochen Sie einen Riesentopf Spaghetti.

Echte Jungs

Wenn wir hören und lesen, wie junge Männer ihr Leben beschreiben, wenn sie die Familienkrisen, Schulkonflikte und schwierigen Situationen referieren, mit denen sie konfrontiert sind, und die Methoden erzählen, mit denen sie sich über Wasser halten, dann kommt uns dazu immer wieder und sehr deutlich der Begriff »einsam« in den Sinn.

Diese jungen Leute sind in ihrer Entwicklung an einem kritischen Punkt. Es geht um sehr viel. Kann ich einen qualifizierten Beruf anstreben, oder soll ich mich mit einem Hilfsarbeiterjob begnügen? Habe ich irgendwelche Talente, oder bin ich unterer Durchschnitt? Mögen andere Leute mich, oder drücke ich mich lieber bescheiden an den Rand? Warum werde ich so oft attackiert und herumgestoßen? Werde ich jemals einer Frau gefallen? Kann ich neue Situationen meistern, oder bin ich einfach ein Versager?

In unterschiedlicher Weise, aber ziemlich durchgängig waren junge Männer mit diesen Fragen, die an die Substanz ihrer Person gingen, allein. Eltern hatten keine Zeit, kein Interesse oder nicht den Mut, sich einzubringen – wenn sie nicht überhaupt brutal und gleichgültig waren. Lehrer schenkten immer nur einer bestimmten Art von Kind ihre Aufmerksamkeit – wenn sie mit ihrem Verhalten nicht noch zu den Kränkungen und Ungerechtigkeiten beitrugen. Die Peer-group gab Halt, aber oft nur um den Preis einer weit reichenden Selbstverleugnung. Und »die Gesellschaft« redete zwar viel über Drogenprobleme und Suchtgefahr, versorgte die Jugendlichen aber freizügig mit Alkohol, Zigaretten, Tabletten und Drogen.

In diesem Kapitel lernen wir junge Männer kennen, die aus sehr unterschiedlichen Lebenszusammenhängen, wirtschaftlichen Situationen, Schultypen und sozialen Schichten kommen. Bestechend sind dennoch die Gemeinsamkeiten. Und – wie gesagt – die Einsamkeit.

Unsere vier Jahre an diversen Schulen hatten den Nebeneffekt, dass man sich dort sehr an uns gewöhnte. Wir waren Erwachsene, aber nicht Lehrer. Wir waren viel da, aber wir gaben keine Noten, verteilten keine Punkte, sprachen keine Rügen aus und erweckten den Eindruck einer relativen Unerschütterlichkeit. Außerdem entwickelten wir eine gewisse Parteilichkeit für die jungen Leute, die man uns wahrscheinlich anmerkte. Manche Unterrichtsstunden waren schier unerträglich in ihrer unbeschreiblichen Langweiligkeit, sogar für uns. Und wir saßen nur ganz gelegentlich drin und waren schon alt und gesetzt. Wie hielten die jungen Leute, mit ihrem Bewegungsbedürfnis, das aus, Tag für Tag und Stunde für Stunde? Der Stoff war größtenteils unverändert seit unseren eigenen Schultagen – wie war das möglich? Dieselben öden, verstaubten, alten Dichter und Denker, die irgendwann einmal in ganz anderen kulturellen und sozialen Zusammenhängen zu Ruhm gelangt waren; alte Männer, so weit das Auge reicht. Dann gab es neue Fächer, in denen mitunter die SchülerInnen mehr wussten als die Lehrkräfte – Informatik zum Beispiel –, wo altes Statusdenken aber verhinderte, dass man zusammenarbeitete und diese Ressource nutzte.

Die jungen Leuten hatten unsere Sympathien, und wir konnten bald recht gut miteinander kommunizieren. Übrigens war das nicht besonders schwer.

Die ersten beiden Jungen besuchen eine Privatschule und kommen aus Familien der oberen Mittelschicht. Es sind keine reichen, stereotyp vernachlässigten Jetset-Kinder, aber doch Kinder aus sehr wohlhabenden Elternhäusern.

Frank

Frank, unser erster Gesprächspartner, hat geschiedene Eltern. Seine Mutter besitzt drei Boutiquen in Frankfurt. Sein Vater ist Kleinunternehmer, er jagt stets irgendwelchen großen Plänen nach und befindet sich meist in Konkurssituationen. Er ist ein ziemlicher Playboy und kümmert sich nicht um seinen Sohn. Die Mutter ist eine hektische, glamouröse Erscheinung mit vielen Widersprüchen. Sie kommt aus streng katholischen Verhältnissen und legt sehr viel Wert auf den guten Ton. Sie liebt ihren Sohn, verbringt aber wenig Zeit mit ihm. Seine Bezugspersonen in der Kindheit waren eine Sequenz von ständig wechselnden osteuropäischen Haushälterinnen und Au-pair-Mädchen – ständig wechselnd deshalb, weil sie zuerst mit seiner ziemlich überheblichen, launenhaften Mutter und später auch mit dem »sehr schlimmen Frank« kein Auskommen fanden.

In der Schule gilt Frank als intelligent, aber schwierig. Nur sehr häufige Besuche der Mutter und ihre Bereitschaft, einen ständigen Strom von Nachhilfelehrern zu engagieren, retten Frank vor dem Hinauswurf aus der Schule. In der Unterstufe war er oft in Schlägereien und Kämpfe verwickelt; das hat sich gebessert.

Frank ist jetzt 14, ein schlaksiger Bursche mit einer abweisenden Miene, die im Gespräch schnell weicher und freundlicher wird.

In Franks Schule hat gerade ein Vortrag zu Bullying und Mediation stattgefunden. Wir fragen ihn eingangs daher, wie er die Atmosphäre in der Schule und die Behandlung von Außenseitern erlebe.

»Wenn einer richtig heruntergemacht wird aufgrund seiner körperlichen Erscheinung und das sehr offen geschieht und er auch ganz fertig ist und schlecht reagiert, dann gibt die Lehrerin in der Regel eine Warnung. Das nehmen die schon ernst, sie nennen das soziales Bullying und man kann sogar rausfliegen, wenn man das öfter macht. Kinder, die nicht sehr beliebt sind, sind ideale Opfer für diese Verfolgung. Mir tun sie Leid, ich verteidige sie manchmal, wenn sie mir ansatzweise sympathisch sind. Es ist aber nicht leicht, man kriegt dann schnell selber was ab, zum Beispiel heißt es dann gleich, warum man an diesem Schwuli hängt. Wenn einer nicht so ein Draufgänger ist, wird er schnell als Schwuli betitelt. Das sind eher die dickeren, verweichlicht wirkenden Jungs, die tänzeln dann auch so komisch daher, ich finde, die sollten mal in den Spiegel schauen und sich in Form bringen.«

Frank ist ambivalent, und die Ursachen können wir unschwer erkennen. Die Opfer der »Verfolgung« durch Spott, Ausschluss und Beleidigungen tun ihm Leid. Manchmal hat er den Impuls, ihnen zu helfen. Das aber ist riskant, weil man damit den Spott und den Zorn der Verfolger auf sich zieht. Dieses Dilemma löst Frank für sich, indem er nun die Meinung entwickelt, dass die Opfer selber schuld sind. Sie haben sich körperlich gehen lassen und verdienen es daher, ausgegrenzt zu werden. Aus objektiver Sicht sollten wir übrigens festhalten, dass diese Interpretation nicht stimmt. Wie wir an späterer Stelle noch eingehender zeigen werden, trifft die Bezeichnung »schwul« als Rundumschlag jeden, der aus irgendeinem Grund geärgert und gekränkt werden soll. Die Empfänger dieser Bezeichnung haben keine gemeinsamen Eigenschaften, Merkmale oder Verhaltensweisen.

»Die Mädchen machen bei solchen Sachen grundsätzlich nicht mit. Dafür reden sie ununterbrochen hinter dem Rücken anderer Mädchen, das ist auch nicht gerade toll. Sie plädieren auch immer auf unschuldig und handeln Konflikte nie offen aus. Das nervt und ärgert uns und trennt uns auch irgendwie von den Mädchen. Es ist schwierig, mit Mädchen befreundet zu sein, bei denen geht es ständig um was Zickiges.

Wenn wir abends weggehen, sind wir meist sieben Jungen und drei Mädchen, weil Mädchen einfach nicht so häufig weggehen dürfen. Neulich tauchte gar kein Mädchen auf, und mein Freund Ray sagte, o.k., dann haben wir halt einen Herrenabend, eh besser, wir können relaxen und uns in Ruhe ein Bier reinziehen. Die erlauben uns nämlich nicht zu trinken und zu rauchen. Die tun das auch, aber nur selten, und kommen dann mit ihren lähmenden Vorträgen. Das ist schädlich für eure Gesundheit und was ist, wenn euch jemand sieht, etc.

Manchmal sprechen sie Texte wie in einem Kitschfilm. Sie sagen: ›Wir sind dabei und ihr habt die Verantwortung, dass wir nicht in so eine Sache reingezogen werden.‹«

Auch hier sehen wir wieder eine starke Ambivalenz. Frank hält die Einstellung der Mädchen, ihre Position als konservativere Hüterinnen der Ordnung und Regeln, für überholt. Gleichzeitig verraten seine Formulierungen, dass diese Einstellung durchaus noch Zugkraft hat für ihn. Die Mädchen »erlauben uns nicht« zu rauchen und zu trinken, sagt er ohne Ironie – was bedeutet, dass sie sogar innerhalb seiner ziemlich toughen Clique als Stellvertreterinnen der elterlichen Autorität auftreten dürfen.

»Wenn sich jemand einen Joint anzündet, geht das Geplapper gleich los: ›Das ist gefährlich, hört sofort auf.‹ Ich versuche ihnen zu erklären, dass es ganz drauf ankommt, wie man gebaut ist und wie man es verkraftet. Am Anfang bekommt man ein irres Glücksgefühl und man schnellt richtig in die Höhe. Man denkt, oh Gott, was ist los? Es ist ziemlich schnell vorbei. Ich bin mir ganz sicher, dass es nicht gefährlich ist, das spürst du sogar, dass es ganz schnell wieder aus deinem Körper raus ist. Manchmal machen die Mädels auch mit, weil, die sind ja auch neugierig. Meine Mutter weiß, dass ich das probiert hab. Sie hat mich danach gefragt, und ich habe es zugegeben, weil ich sie nicht anlügen will. Da kam so ein Brief von der Schule, dass es einen Drogenabend gibt, und sie hat mich gefragt, ob ich schon einmal probiert habe. Sie ist dann gar nicht hingegangen, weil ich ihr gesagt habe, dass sie sich ganz auf mich verlassen kann. Dass ich nie was Härteres nehmen würde. Sie war gar nicht wütend auf mich. Sie hat gesagt, schau mal, Frank, wenn du es ausprobierst, kann ich es verstehen, aber weiter gehen darfst du nicht. Du kannst da in etwas hineingeraten. Mach es nicht mehr. Ich hab es ihr versprochen und irgendwie stimmt das ja auch. Ich pass auf.

In meiner Klasse sind zwei abhängig. Die sind auch erst 14. Aber die nehmen härtere Sachen. Wenn schon, dann wäre ein effizienteres Drogenprogramm nötig. Die Dealer stehen in der Nähe unserer Schule, sie sprechen uns aber nicht gleich davor an, sondern sie gehen mit uns in die U-Bahn. Die Geschäfte machen sie dort, wo wir aussteigen, nicht vor der Schule.

Das mit den Drogen kann schon ein Problem sein, die meisten Kinder haben Geld und man denkt, es ist cool und locker. Und man kriegt Bestätigung in der Gruppe dafür, bei mir war es auch so. Ich hab sicher nicht vor, mich da weiter reinzulassen, aber viele denken nicht an irgendwelche Konsequenzen. Ich finde es richtig, es einmal zu versuchen, weil man weiß dann, wovon man spricht. Und außerdem ist es sehr schwierig, sich ganz rauszuhalten. Es nicht einmal zu versuchen, dass kann man eigentlich gar nicht begründen, man steht dann wirklich als Verlierer und Angsthase da. Ich muss sagen, ich hätte nicht den Mut, darauf zu beharren, dass ich aus Prinzip keinen einzigen Zug mache, wenn meine Freunde rauchen. Und außerdem interessiert es doch jeden, es will doch jeder wissen, wie es ist.

Um dabei zu sein, ist Kleidung ganz wichtig. Die essenziellen Marken sind Polo, Gap, Calvin Klein und Hilfiger. Bei den Mädchen ist es noch viel schlimmer. Meine Freundin hat mir erzählt, dass ein Mädchen lieber stirbt, als ausschließlich in H & M-Klamotten in die Schule zu kommen. Es geht darum, Stil zu entwickeln. H & M ist o.k., ich trag das auch gern, aber man muss es mischen. Man kann das nicht nur tragen, das wäre peinlich, von Kopf bis Fuß darin daherzukommen. Ich kann ganz gut kombinieren.

Wie man sonst noch zu einer In-Gruppe gehört? Auf keinen Fall, indem man ein Streber ist. Das ist allerdings eh nicht mein Problem. Manche Kinder bemühen sich, was sicherlich paradox ist, schlechtere Noten zu bekommen, also nicht richtig schlecht, aber schlechter, als sie sonst abschneiden würden. Damit sie nicht als Streber dastehen. Wenn man nicht an der Spitze ist, leistungsmäßig, dann genießt man mehr Vertrauen. Gute Noten, sportlich gut und gut gestylt, diese Kombination gibt es fast nicht, also ein paar dieser Art gibt es schon, aber die sind eine Clique für sich.

Gerade bei den Mädchen ist es auch so, dass die versuchen, sich von dieser Leistungsschiene runterzuholen, was denen bei ihrem Ehrgeiz sicher schwerer fällt als den Jungs, aber sie tun's trotzdem, um populär zu sein und dazuzugehören.

Bei den Jungs würde keiner zugeben, dass er abends lange am Lernen sitzt. Wenn er das Gefühl hat, dass eine Arbeit ganz besonders gut gelungen ist, macht er vielleicht sogar ein paar Schmierer rein, das weiß ich von zwei Freunden. Die sind noch immer gut, aber nicht super, das ist es ihnen einfach nicht wert, dafür Sympathien einzubüßen.

Die Frage, die uns am stärksten beschäftigt, ist, wie kann man dazugehören? Wie ist man? Wenn man Leute aus höheren Klassen kennt, dann ist das schon mal ganz gut, das hebt das Ansehen. Wenn die mit dir reden und freundlichen Umgang pflegen oder wenn man abends sogar mit denen weggehen kann, dann ist das recht gut, dann ist man auf alle Fälle schon in einer Sonderkategorie. Das Beziehungsnetz ist überhaupt das Wichtigste.

Die meisten dürfen am Wochenende bis 22 Uhr ausbleiben, das ist das Limit für die meisten 14-Jährigen. Ich darf bis Mitternacht ausbleiben, meine Mutter ist abends auch meist unterwegs, ich rufe sie kurz am Handy an und sag ihr, wo ich bin und wann ich mich heimwärts bewege. Wochentags ist es für die meisten 20 Uhr, bei den Mädchen grundsätzlich nicht länger als 20 Uhr, außer wir gehen ins Kino, dann müssen sie danach aber auch sofort heim.

Wenn man ausgeht, sollte man eigentlich nichts trinken, aber viele saufen sich an. Ich kann mich an keinen längeren Abend auswärts erinnern, wo nicht ein paar völlig besoffen waren. Die Mädchen können sich das Trinken besser einteilen, wie viel und was sie trinken. In Wirklichkeit schmeckt es ja gar nicht. Bei den Jungs kursieren aber die Sprüche, schau, ich bin geil, ich kipp einen Doppelten. Das machen sie eventuell so lange, bis sie unterm Tisch liegen, das sind oft sogar die angepassteren Typen, die dann einmal richtig loslegen. Ich brachte letztens vier Freunde betrunken mit der U-Bahn heim, sie hätten es alleine nicht geschafft. Das war ganz schön mühsam, sie auf die Rolltreppen und dann in den Waggon zu bekommen und vor allem wieder raus. Vorher im Lokal hab ich noch jedem ein Aspirin verabreicht, dann sind sie nach einer halben Stunde wieder halbwegs in Ordnung. Man hat dann ein riesiges Abenteuer bestanden nach so einem Vorfall. Das sind Erfahrungen, die wir einfach machen müssen.«

In den USA würde ein Lokal, das Alkohol an 14-Jährige ausschenkt, die Lizenz verlieren. Wir haben selber miterlebt, dass 14-jährige Kinder auf Schulskiwochen im Supermarkt größere Mengen von Schnaps und Likör kauften, ohne dass irgendjemand mit der Wimper gezuckt hätte. Am Verpackungstisch räumen sie das Gekaufte dann in ihre Rucksäcke, und keiner sagt etwas. Auch das ist in den USA undenkbar. Dort dürfen Minderjährige nicht einmal für die Eltern Bier oder Wein kaufen. Das mag extrem klingen, doch unser Laisser-faire ist sicher auch nicht gut.

»In der Regel bemerken Eltern fast überhaupt nichts. Ich selber habe einmal ein paar doppelte Wodkas gekippt und bin nach Hause gekommen, die Mama hat mir die Tür aufgemacht, ich bin an ihr vorbeigegangen und habe innerlich gezittert, weil ich mir gedacht habe, die kommt mir jetzt auf die Schliche. Aber sie sagte nur, Frank, wie geht's? Mit weichen Knien hab ich irgendwas von schnell Aufgaben machen gemurmelt, weil das respektiert sie, und dann verfolgt sie mich nicht in mein Zimmer. Dann bin ich auf meinem Bett zusammengesackt und habe eine Stunde in meinem Anorak geschlafen.

Man sollte schon überlegen, was man trinkt. Richtiger, harter Alkohol pur ist grässlich, schmeckt nach nichts außer Feuer und macht einen fertig. Ein Tequila Sunrise schmeckt nach Kohlensäure und Saft, das geht, ein Martini ist auch gut und mild oder ein Baileys on the rocks ist o.k., das Eis nimmt den Alkohol ein bisschen weg. Ein normaler 14-Jähriger ist nach drei doppelten Rums weg. Mein Rekord, vier doppelte Wodkas, war schon ziemlich schlimm. Ich hab gar nicht gewusst, wie ich das durchstehen soll, mir war so mies. Im Café bin ich in einem Eck gesessen und hab vom Kellner ein paar Aspirin bestellt, der hat mich erst gar nicht verstanden, weil ich kaum noch reden konnte.

Das Prinzip ist, man probiert aus, wie viel man aushält, und wenn man es überstanden hat, muss man nicht mehr. Es ist eine

Art Testlauf, was man aushält. Danach kann man ewig darüber reden und hat was beizutragen, was jeden interessiert. Man trinkt mit den anderen, man ist in der Gruppe, man gehört zusammen, und das ist ein starkes Gefühl. Man muss nur darauf achten, wo die Grenzen sind, ich habe jetzt ein persönliches Limit, ich trinke einen Rum on the rocks. Das stört mich nicht, und ich hänge damit den ganzen Abend rum und gebe den andern den Eindruck, dass ich trinke.

Trinken ist sicher ein Problem, vielleicht mehr als Drogen, weil Alkohol ist überall. Die Eltern trinken auch ziemlich viel. In den Wohnungen stehen viele Flaschen herum, alle haben Hausbars und wir bedienen uns dann, wenn wir Partys haben. Die Eltern sind meist weg, wenn wir feiern. Sie sagen in der Regel gar nichts wegen Alkohol, sicher denken sie nicht, dass wir uns an ihrer Hausbar bedienen sollen. Einmal war die ganze Klasse bei meinem Freund eingeladen, seine Eltern gingen rücksichtsvollerweise ins Kino und wir durften bis 23 Uhr feiern. Wir waren 20 und haben alles aus der Bar genommen, von jeder Flasche etwas, damit es nicht gleich auffällt, aber die Mischung war furchtbar. Das passt ja alles nicht zusammen. Den Eltern ist überhaupt nichts aufgefallen oder sie haben jedenfalls nichts gesagt. Sie hatten uns eine Kiste Cola hingestellt und so Zeugs, aber die Limonaden haben wir flaschenweise weggegossen, damit sie glauben, wir hätten uns an die Softdrinks gehalten. Es wäre ihnen sicher aufgefallen, wenn die Kisten voll geblieben wären.

Meist schauen die Eltern nicht so genau. Ich glaube, sie denken einfach nicht, dass wir schon in diesem Ausmaß mit Alkohol unterwegs sind. Und bei vielen Eltern glaube ich, dass sie es gar nicht wissen wollen.

Was Sex betrifft, klar, es ist leichter, rumzumachen und zu schmusen, wenn man high ist und durch den Alkohol gelockert, so mit elf oder zwölf kommen ja die ersten Gefühle auf in dieser Richtung. Es ist aber schwierig, das Vertrauen zu haben, dass man nicht verspottet wird, nicht so sehr vom Mädchen als von ihren Freundinnen oder von der eigenen Clique. Mit meiner Freundin, mit der ich ein Jahr zusammen bin, hab ich es so gemacht, dass wir zuerst gemeinsam etwas getrunken haben und dann aneinander herumgemacht. Ich hab auch bei anderen Mädchen probiert, wie weit ich gehen kann, aber dann habe ich das Gefühl gehabt, dass ich meine Freundin betrüge. Die meisten Jungs machen endlos Pläne, wie sie Mädchen aufreißen können und was sie dann alles mit ihnen anstellen, es ist eines der Hauptthemen neben Sport. Aber in Wirklichkeit sind wir alle recht verklemmt.

Ich glaube, ich hab mehr als die meisten erlebt. Also, ziemlich heftiges Petting, viel Alkohol und ich habe Drogen probiert. Ich habe ein Gefühl wie in einem Zeitraffer, dass es rasend schnell geht. Dass es später nicht mehr viel geben wird, was uns erwartet. Was vor uns liegt, ist eigentlich nur Arbeit und Stress. Das Aufregende ist fast schon vorbei.

Es gibt schon Erwachsene, auch in meinem Umfeld, die aufgeschlossen sind, mit denen man vielleicht reden könnte, aber die sind alle so beschäftigt. Und Eltern, bei denen ist sofort Alarmstufe eins, wenn man die mit Themen wie Drogen und Sex konfrontiert. Das Lustige ist, fast alle Eltern denken, sie hätten grandios brave Kinder, und gerade die Typen, die nach außen so makellos sind, treiben oft furchtbare Dinge.

Wenn man wüsste, was hinter der Fassade so mancher Musterkinder schlummert, das wäre ein Weckruf. Die Lehrer wissen in der Regel noch mehr als die Eltern. Aber in der Schule ist die Zeit zu knapp. Die könnten ja vielleicht besser zusammenarbeiten, aber das ist eine Illusion, weil die Eltern haben eh keine Zeit und wollen nur wissen, hat mein Kind was mit Drogen oder nicht, und wenn nichts offensichtlich ist, dann kommen die auch nicht in die Schule. Im Grunde ist es so, wir haben Geheimnisse vor den Eltern und die Eltern wollen gar nichts Beunruhigendes wissen. Es ist einfacher, sich abzusetzen als sich einzulassen.«

Die Loyalität der Kinder war für uns in vielen Interviews sehr erstaunlich. Auch Kinder, die ganz offensichtlich von ihren Eltern vernachlässigt wurden, verteidigten sie und fanden Erklärungen für deren Zeitmangel. Unterbewusst aber wissen sie Bescheid. Diese Anmerkung von Frank ist eine direkte Fortsetzung auf das Gespräch mit der Mutter über Drogen, von dem er vorher erzählte. Diese Mutter hat ein 14-jähriges Kind, das unbeaufsichtigt bis Mitternacht in der Stadt unterwegs sein darf, sich schon wiederholt betrunken hat und ihr gegenüber zugibt, bereits mit Drogen experimentiert zu haben. Eine verbale Zusage dieses Kindes, es habe die Sache unter Kontrolle, genügt ihr schon und sie hält es nicht für nötig, die Drogeninformation der Schule in Anspruch zu nehmen. Dass diese Haltung leichtsinnig ist, weiß sogar Frank, weshalb er sich hier indirekt über ihre Position beschwert. Was sie als Vertrauen in seine Reife darstellt, ist eher als leichtsinnige Bequemlichkeit zu bezeichnen.

»Am besten wäre es, mit Jugendlichen zu reden, die das alles vor ein paar Jahren erlebt haben, die da aber schon raus sind. Wenn man so einen Freund hat, ist es ein Glück. Von älteren Freunden kann man auch lernen, dass man normal ist. Dass es normal ist, Phantasien zu haben über Sex. Ich weiß, dass ich das jetzt noch nicht umsetze, weil ich zu jung bin, aber daran denken tut doch jeder. Die Kinos sind voll davon, man braucht nur irgendein Fernsehprogramm einzuschalten und worum geht es dann? Ich finde es lächerlich, dass wir so tun sollen, als ob uns das alles noch überhaupt nicht interessiert oder so, als ob es uns nichts angeht. Mit 14 oder 15 sind wir in einem Alter, wo Eltern glauben, dass wir noch Kinder sind, aber das stimmt einfach nicht, die Kindheit ist vorbei. Eigentlich haben wir genauso viele Probleme wie Erwachsene. Es gibt einen unheimlichen Druck, sich anzupassen und etwas zu leisten. Gleichzeitig will man anerkannt sein. Im Leben wollen wir etwas darstellen, aber nicht nur über Schulleistungen, das wäre ja öd. Also bleiben nur noch diese anderen Bereiche, und erwachsen wird man ja, wenn man Dinge tut, die der Erwachsenenwelt vorbehalten sind. Sex, Alkohol, Drogen, Rauchen, das alles zieht einen dann eben an.«

Am Schulhof ist Frank ein klassisches Alpha-Tier, bewundert von seiner Clique, gefürchtet von seinen Gegnern und misstrauisch im Auge behalten von seinen Lehrern. Das Interview birgt daher zwei Überraschungen: die vielen Selbstzweifel und Unsicherheiten, die diesen Anführer-Typ plagen, und die indirekten, aber häufigen Anspielungen auf indifferente und unaufmerksame Eltern, wohinter sich der deutliche Wunsch verbirgt, dass diese sich mehr kümmern sollten.

Luc

Eine ähnliche Haltung den Erwachsenen gegenüber sehen wir bei unserem zweiten Gesprächspartner. Luc ist 16 und der Sohn beruflich sehr erfolgreicher Eltern. Seine Schwester ist drei Jahre älter.

»Ich fühle mich nicht als Jugendlicher. Manchmal denke ich mir, ich bin ein fix und fertiger Mensch, ein Erwachsener, und um mich braucht sich auch keiner Sorgen zu machen, weil ich genau weiß, was Sache ist. Kaum redet man über Jugendliche, geht es gleich um Drogen und Alkohol. Wir haben auch ständig Kampagnen in der Schule. Ich glaube, es ist eine Charaktersache, wer reinrutscht, ist schwach, und wenn er hängen bleibt, wird er mit seinem Leben sonst auch nicht viel Vernünftiges anfangen. Scheiße, jetzt hab ich das ganze Drogengebrabbel selber vom Zaun gebrochen. Aber ihr hättet mich ja sowieso gefragt, oder? Klar, es ist ein Thema. Für mich ist die Sache klar, man nimmt das Zeugs, um zu wissen, wovon da eigentlich so viel hergemacht wird. Und man ist hoffentlich hell genug, um sich nicht in die Klauen der Dealer zu begeben. Außerdem, die meisten Kinder denken, dass sie kein Risiko laufen. Die sind so verwöhnt, wenn wirklich was sein sollte, drückt sie jemand an die Brust und sagt: ›Ach Gott, mein armer Kleiner, warum nur, wie konnte das bloß geschehen!‹« (Er äfft eine tragische Sopranstimme nach.)

»Um mich hat sich da nie jemand extreme Sorgen gemacht, zwischen meinen Eltern und mir gibt's eine stille Übereinkunft, sie mischen sich nicht in mein Leben ein, ich nerve sie dafür nicht mit irgendwelchen Forderungen, dass sie mit mir in den Ferien herumhängen sollen oder so, nein, ich fahre mit meinen Freunden, früher war ich auf Camps. Das war alles ganz locker, und sie waren froh darüber, weil bei meiner Schwester war das ganz anders. Die hatte ewig diese Vorwurfstour drauf, dass sie sich vernachlässigt fühlt und so. Aber das hat ihr wahrscheinlich ihr Therapeut eingeredet, bei dem sie ewig war, weil sie immer rumheulte, depressiv im Bett lag und sich erwartete, dass Mami mit ihr Händchen hielt. Unsere Eltern sind aber ziemlich beschäftigt, die schaufeln mächtig Kohle, sie hat noch nie einen Faden von Schöps am Leib gehabt. Immer nur Donna Karan und so. Das hat sie zwar alles gnädig entgegengenommen, sich aber dann trotzdem über die Alten mokiert, das geht einfach nicht, finde ich.«

Die Aggressivität gegenüber der Schwester und deren Problemen verrät Neid und Verdrängung. Luc hat sich eingeredet, dass er keine elterliche Zuwendung braucht, sondern schon ganz erwachsen ist. Den ersten Hinweis darauf, dass dies nicht stimmt, erhalten wir von seiner Sprache. »Fix und fertig« bezeichnet umgangssprachlich jemanden, der am Ende seiner Kraft ist. Die korrekte Formulierung ist nicht ein »fix und fertiger«, sondern ein »fertiger Mensch«. Seine Formulierung ist sehr aufschlussreich! Auch die spöttische Gleichsetzung von emotionaler Zuwendung mit »Händchenhalten« verrät Ambivalenz.

»Isabellas Shrink (Therapeut) hat dann einmal eine Familiensitzung einberufen und mich auch auf Vernachlässigungssymptome abgeklopft. ›Na hallo‹, habe ich dann geantwortet, ›bleiben wir am Teppich, das Leben hat begrenzte Möglichkeiten. Meine Eltern haben eine Entscheidung getroffen, die heißt Arbeit und Luxus. Wenn das der Isabella nicht passt, kann sie ja einen Lehrer heiraten, der am frühen Abend schon daheim ist und mit ihr Händchen hält.‹« (Hier wieder die zynische Formulierung mit dem Händchenhalten, ein Bild, das Luc sehr zu beschäftigen scheint. Er wehrt Bilder von Innigkeit ab, wahrscheinlich, um sich innerlich dagegen abzupanzern.)

»Komischerweise waren meine Eltern dann sauer auf mich, nach dieser Sitzung, obwohl ich voll hinter ihnen gestanden hatte.« (Klar – sie haben die Ironie und den verdeckten Vorwurf herausgehört.) »Es war ihnen, glaube ich, peinlich, vor dem Shrink nicht als hingebungsvolle Bruttiere dazustehen.

Mein Weg ist klar, ich finde Geld gut, ich will kämpfen, vorwärts kommen, so sind wir heutzutage alle. Unsere Lehrer tun auf edel und reden von irgendwelchen philosophischen Sachen, aber in Wirklichkeit müssen sie in ihren Verliererautos herumfahren, aus dritter Hand, und im Shoppingcenter den Tagesteller essen. Ich will ran an alle Möglichkeiten, möglichst hoch pokern, es gibt jeden Tag neue Firmen, die alles ermöglichen, wenn man Mumm hat. Jetzt ist halt noch Schule angesagt für zwei Jahre, ich arbeite viel, zum Glück lerne ich ganz gut und bin gut in den Bereichen, die wichtig sind, Mathe und Computer. Da kann ich dann was anbieten, ich hab auch Spanisch und Französisch dazugenommen und fange im zweiten Halbjahr mit Japanisch an, Privatstunden. Weil der japanische Markt ist im Kommen, da will ich dann dabei sein.

Ja, meine Freundin ist Japanerin, aber das ist nicht der Grund, das ist nur der Anstoß, ich bin jetzt schon ein Jahr lang fest mit ihr zusammen, sie geht auch in meine Schule. Sie ist genauso alt wie ich, aber eine Klasse drunter, weil sie nicht so gut Deutsch konnte,

41

als sie vor zwei Jahren herkam, und da wurde sie ein Jahr zurück-gestellt.

Wenn man eine Freundin hat, ist vieles leichter, ich bin nicht so angewiesen auf die Kerle in meiner Klasse, auf dieses ganze Getöse, wer stärker, toller und überhaupt der Supermann ist. Wenn man eine Freundin hat, und sie sieht gut aus und ist keine Tussi, dann hat man automatisch Ansehen und es ist o.k., wenn man sich aus dem Trubel zurückzieht. Ich mag die Su, sie ist sehr willensstark, ein harter Knochen, das gefällt mir. Sie wird es sicher mal zu was bringen. Sie will Musik studieren. Sie übt jeden Tag mehrere Stunden, wir sehen uns außer in der Schule nur am Wochenende. Dann aber wohnt sie fast bei mir, da ist meine große Schwester ganz praktisch, die ist als offizielle Anstandsdame vorhanden. Meinen Eltern wäre es ja egal, aber ihren Eltern nicht. Wir haben regelmäßig Sex, klarerweise, sonst wäre die Beziehung ja witzlos. Das ist automatisch so, wenn man eine feste Freundin hat. Ich finde nicht, dass man mit 16 zu jung ist für Sex. In Amerika dürfte ich schon Auto fahren. Wenn man so unverantwortlich ist, dann dürften sie einen doch nicht Auto fahren lassen. Wenn sie 16-Jährige für reif finden, am Verkehrsgeschehen teilzunehmen, dann glaube ich, kann man auch für sein Sexualleben verantwortlich sein.

Als meine Mutter das mit Su bemerkt hat, lagen eines Tages Präservative auf meinem Bett. Das fand ich richtig rührend, nein, nicht peinlich oder so, nur besorgt und nett. An dem Abend bin ich dann noch mal ins Wohnzimmer hinuntergegangen, und sie sagte: ›Luc, nimm's mir nicht übel, aber falls es dazu kommen sollte, musst du darauf achten, dass nichts passiert.‹ Deswegen weiß ich, dass die Dinger von ihr kamen. Mein Vater bemerkt nichts, ich glaube, wenn er Su manchmal in der Diele trifft, hält er sie für die Putze. Der ist nicht ganz da, außerdem glaube ich, dass er streckenweise mit seinem eigenen Liebesleben überfordert ist. Mir ist es eh nur recht, wenn er sich bei mir raushält.

Ich habe ihn zweimal mit einem Mädel überrascht. Eine davon war früher mal in unserer Schule, sie ist zwei Jahre älter als meine Schwester. Die modelt jetzt und hängt scheinbar mit älteren Herren rum. Das war ihm unangenehm, dass ich ihn mit der gesehen habe. Aber das muss meine Mamsch selber ausmachen mit ihm, ich würde nicht zu ihr rennen und petzen. Das bringt nichts. Ich glaube, sie ist ein kontrollierterer Typ, sie hat sich mehr in der Hand als mein Vater, er braucht wohl mehr Bestätigung oder was weiß ich. Meine Mutter regelt sich alles eher selber. Eigentlich sind sie auch zu Hause mehr wie Geschäftspartner, so eine Beziehung will ich nicht, mir ist das alles viel zu vernünftig.«

Hier klingen bei Luc wieder kritische Erkenntnisse durch. Tatsächlich ist der Erziehungsstil seiner Eltern fast gespenstisch »vernünftig«. Dass in den Augen seiner Mutter »nichts passiert« ist, nur weil zwei 16-Jährige beim Sex die Kondome nicht vergessen, ist aus emotionaler Sicht sehr fraglich. Luc klammert sich an kleinste Häppchen von mütterlicher Fürsorge und benennt die Mutter, die wenigstens noch fragmentarisch an seinem Leben interessiert ist, mit einem kindlichen Kosenamen.

»Was mich am meisten stört, ist, dass ich noch nicht wirklich frei bin, mir mein Leben selber zu organisieren. Ich fühle mich wie gefangen in der Schule, ich möchte am liebsten schon raus und loslegen. Aber für die meisten meiner Kumpels ist es auch besser so, die haben alle keinen Halt, lassen sich von Mami bringen und holen und sind noch in so einem Babyzustand. Mir war schon früh klar, dass ich alleine aus meinem Leben etwas machen muss, dass ich für mich selber gradestehe. Ich will mal sicher keine Kinder haben, meine Pension zahle ich mir selber, so was organisiert man sich ohnehin an der Börse, wenn man clever ist. Aber Kinder, das hat keine Zukunft, ich wüsste gar nicht, was ich denen sagen soll, warum man lebt und so. Aber ich, ich bin halt schon mal da, jetzt mache ich das Beste draus. Aber es absichtlich drauf anlegen, dass das alles weitergeht, nein, danke.«

Die Adoleszenz ist die Zeit tiefer, trüber Gedanken. Heute heißt das no future, früher hieß es Weltschmerz, und das Sturm-und-Drang-Gefühl, das entsteht, wenn kräftige, junge Menschen irgendwo befehlsempfangend herumsitzen müssen, statt ihre Energien zu entfalten, gibt es schon jahrhundertelang.

Lucs Gedanken müssen uns an und für sich noch nicht beunruhigen, doch eines ist durchgängig auffällig: die Bereitschaft der Eltern, ihre Kinder viel zu früh als mündige, selbstverantwortliche Halberwachsene zu sehen. Er schläft mit seiner minderjährigen Freundin, deren Eltern nichts davon wissen dürfen? Das bringt seine Mutter nicht etwa auf die Idee, mit ihm ein Gespräch zu führen. Sie legt ihm nur wortlos die Kondompackung hin. Frank hat mit 14 schon mit Drogen experimentiert? Das weckt in seiner Mutter nicht das Bedürfnis, gemeinsam mit der Schule zu überlegen, warum das Drogenaufklärungsprogramm nicht besser funktioniert. Sie lässt sich beruhigen mit seinem Hinweis, dass er nichts Gefährlicheres als Hasch versuchen wird. Und diese entspannte Reaktion stellt noch das Optimum an Interesse dar, das diese Familien aufbieten. Die Väter interessieren sich noch viel weniger oder gar nicht.

Junge Männer – auch solche aus modernen, privilegierteren Schichten – stellen eine echte Subgruppe dar, vergleichbar zum Beispiel mit Chinesen, die zwar in nordamerikanischen Großstädten leben, aber von den internen Gesetzen einer ethnischen Mafia tyrannisiert werden, illegales Schutzgeld zahlen und in Angst leben. Die Sorge, wie man sich in dieser Prügelgesellschaft behaupten wird, ist den meisten jungen Männern sicherlich näher als die Sorge um Drogen oder Alkohol. Da mag es seltsam anmuten, wenn die Erwachsenen – wenn überhaupt – auf Themen herumreiten, die das tägliche Leben in der Schule kaum tangieren.

Eltern in Frühpension: Elisabeth über Tobias

Wir wollen an dieser Stelle unsere Gespräche mit jungen Männern kurz unterbrechen, um von einer Mutter zu hören. Wie stellt sich die Erziehungsanarchie aus Elternperspektive dar?

Elisabeth kommt aus Dänemark und ist mit einem Deutschen verheiratet. Der Sohn Tobias ist 14 ½, die Tochter Lydia 13. Papa Anton betreibt von zu Hause eine Beratungsfirma, in der Elisabeth mitarbeitet. Wir treffen sie in einem schicken Loft in Köln.

»Ich glaube, es ist für Teenager vor allem ganz schwierig, mit dieser riesigen Unsicherheit umzugehen. Das spüre ich am meisten, dass es ihn fast zerreißt. Man weiß nie, was man im Moment tun soll. Sie erwarten manchmal von dir, dass du nichts sagst. Dann wieder erwarten sie, dass du was sagen sollst, obwohl du selber vielleicht denkst, gerade jetzt wäre es eher nicht angebracht. Sie suchen nach einer Identität, und dabei ist man ihnen teilweise im Weg. Ich weiß oft nicht, ob er jetzt erwartet, dass man sich heraushält oder dass man dabei ist. Zum Beispiel, was die Schule betrifft: Auf der einen Seite sollst du dich kümmern und fragen, auf der anderen Seite sollst du aber überhaupt nicht fragen und dich überhaupt nicht kümmern. Jede Situation ist verschieden und das ist sehr schwierig.

Oft habe ich den Eindruck, dass diese Situation, wo er streitet und provoziert, gar nicht gegen mich geht, sondern einfach gegen die Welt. Nur, ich bin halt da. Und er erwartet absolut, dass ich mich aufrege. Oder sein Vater, der regt sich noch mehr auf.

Er ist 14 ½ und der Höhepunkt der Schwierigkeiten ist hoffentlich schon überwunden. Das Positive ist, dass ich das Gefühl habe, dass er mir und meinem Mann alles erzählt. Ob er jetzt mit Freunden trinken geht oder solche Dinge treibt, das bespricht er mit uns. Das sagt er uns. Ich reagiere insofern, dass ich sage: ›Wenn du Hasch rauchst, wirst du blöd werden davon. Es hilft dir nicht und wenn es vorbei ist, bist du genau dort, wo du vorher warst, und du hast deine Situation nicht verändert.‹ Er redet relativ offen darüber. Er sagt beispielsweise ganz offen: ›Beim Trinken fühle ich mich so gut.‹ Aber das gute Gefühl vergeht wieder, das versuche ich ihm klarzumachen. Er gehört Gott sei Dank nicht zu den Wilden.

Es gab unlängst in unserer Schule einen Jungen, der ist im Koma auf der Intensivstation gelandet. Der hat halt für sein Alter und für seine Körpergröße zu viel gesoffen. Das geschah in einer Gruppe von 13-Jährigen. Auf der einen Seite ist das beängstigend, auf der anderen Seite sagt mir dann mein Sohn: ›So blöd bin ich nicht, und so etwas mache ich ganz bestimmt nicht.‹ In dem Alter hätte er das auch noch nicht gemacht, das stimmt.

Er hat zwei Gruppen von Freunden. Der einen Gruppe ist es zuzutrauen, dass sie solche Dinge machen, und die andere, das sind teilweise sehr überbehütete Kinder und die würden das nicht tun.

Das ist übrigens auch ein Thema, die Freunde. Er hat Schwierigkeiten mit Freundschaften. Er hat eigentlich keinen engen Freund. Früher hat er immer Freunde gehabt. Seit er aber in der Vorpubertät, Pubertät ist, ist er eigentlich sehr unsicher geworden und er weiß gar nicht, was er von einer Freundschaft will. Er will Spaß haben, also einfach jemanden, mit dem er Sachen unternehmen kann. Aber ein one to one, so eine engere Beziehung, wo man reden und sich anvertrauen kann, das schafft er im Moment scheinbar nicht. Und ich glaube, das ist ein großes Problem für ihn. Und mit Mädchen ist er natürlich total schüchtern. Er findet alle hässlich, zumindest sagt er das, und er ist so unsicher.

Dann seine Schwester, mit der gibt es im Moment irrsinnig Probleme. Die sind wie Katz und Maus. Erst gestern hat er mir wieder erzählt, dass die Lydia ein Problem ist, weil sie provoziert und immer so ekelhaft ist. Sie ist nämlich die Süße und die Liebe in unserer Familie und er fühlt sich dann weniger geliebt. Sie hat Freunde und sie ist populär und er ist ein bisschen der ewige Außenseiter.

Es gab da kürzlich eine Party bei uns, wo auch gesoffen wurde, wie ich später erfahren habe. Das ist so in diesen Cliquen. Ich sehe schon, dass er da mitmachen kann, bis zu einem gewissen Grad. Ich sehe das nicht als eine große Gefahr. So kopflos stürzt er sich nicht irgendwo hinein. Oder ist das vielleicht nur Wunschdenken meinerseits?

Meine viel größere Sorge ist, dass er sich einmal selbst findet. Obwohl, ich denke, er ist auf dem richtigen Weg. In der Hochblüte der Pubertät ist er irgendwie so in den Wolken geschwebt. Vielen Kindern seiner Altersgruppe ist alles egal, aber so ist er nicht. Er ist ein kluger Bursche und ist in der Schule immer gut, weil er intelligent ist und in der letzten Sekunde doch weiß, was man tun muss, auch wenn er vielleicht nicht genug gelernt oder sich vorbereitet hat. Da hat er Glück. Er war immer ein Vorzugsschüler, aber er ist jetzt sichtlich reifer. Und bei dieser Niedergeschlagenheit, die ich in ihm spüre, ist er keinesfalls allein. Bei vielen Jungen spürt man in dem Alter dieses Unsichere, das Traurige.

Gestern hat er gesagt, dass er sich immer schlecht fühlt, schlecht gelaunt. Zu Hause geht ihm seine Schwester auf die Nerven, wie sie redet und was sie erzählt. Er kommt schon genervt nach Hause und dann verkriecht er sich in sein Zimmer und sitzt dort stundenlang vor dem Internet und macht natürlich keine Aufgaben. Um 22 Uhr fällt ihm dann wieder die Schule ein, und da will er dann Hilfe, obwohl er in der letzten Zeit schon etwas selbstständiger wird.

Was er sich so lange im Internet anschaut, weiß ich nicht, aber ich bin sicher, da ist auch eine Menge Porno dabei. Das finde ich o.k. Wenn ich reinkomme, dann dreht er sofort den Screen ab.

Aber was soll's, früher haben sich die Jungs halt die Playboy-Hefte gekauft und unter dem Polster versteckt. Heute drehen sie den Screen ab, wenn du ins Zimmer kommst. Ich sehe da keinen großen Unterschied.

Ich habe mal einen Anruf von der Schule bekommen, von der Computerlehrerin. Sie hat ihn erwischt beim Pornoanschauen. Ich finde das nicht schlimm. Das ist dasselbe, wie es im Grunde immer war. Wenn irgendwo was greifbar ist, na, was erwarten Sie? Die Kinder sind eben neugierig. Das sagte ich auch dem Direktor. Man kann ja auch nichts tun. Es ist normal. Und bevor es die Playboy-Heftchen gab, gab es wahrscheinlich sonst irgendwas. Da haben halt die Väter ihre 12-Jährigen in das Puff mitgenommen. Das wird es immer geben, in einer relativ abgeschwächten oder variierten Form. Mein Mann hat damit auch keine Probleme. Er fragte mal, was er sich so anschaut. Aber Tobias wollte nicht darüber reden. Er hat es aber zugegeben. Solange man darüber reden kann, ist es kein Problem.

Beide Kinder haben in ihren Zimmern Fernsehapparate. Das hat sich als günstig erwiesen, weil mein Mann oft aus beruflichen Gründen irgendwelche Dokumentationen ansehen muss und weil sich die Geschwister nicht einigen konnten. Sie haben auch mittlerweile Telefone in ihren Zimmern. Das ist weniger störend als das Telefonieren im Wohnzimmer. Früher gab es immer Streit, wer wann was anschaut. Tobias schaut fern, aber nicht exzessiv. Man kann da sowieso wenig machen, denn je mehr man verbietet, desto mehr holen sie sich alles bei den Freunden. Tobias ist groß genug, und er ist in der Schule guter Durchschnitt ohne viel Arbeit. Wenn er seine Aufgaben macht, kann er gleichzeitig auch fernsehen. Er sagt, das lenkt ihn nicht ab, und ich kontrolliere das nicht. Er ist groß genug, um zu wissen, was er tun muss. Mir ist wichtiger, dass er den blöden Computer abdreht. Und er geht furchtbar spät schlafen. Nie vor 11 Uhr.

Er borgt sich auch gerne Filme aus. Sogar diese brutalen Filme, die ich nicht aushalten würde, das brauchen die Kinder zum Abreagieren, und natürlich schauen sie sich das an.

Wir essen immer zusammen. Das ist manchmal friedlich, manchmal unfriedlich. Oft schmeckt ihm das Essen nicht und er will dann weggehen und sich was holen. Oft streitet er sich mit seiner Schwester oder mit mir. Das sind halt die kleinen typischen Streits. Das kann man abspielen wie eine Platte. Oft schmeckt ihm das Essen gut, dann wieder nicht, je nach Laune. Mein Mann ärgert sich dann, es gibt ein Hickhack, und das war dann eben mal kein friedliches Abendessen.

Zu Hause mithelfen tut er nicht. Ich denke mir manchmal, dass er zumindest den Tisch abräumen könnte. Aber jetzt ist es ein bisschen zu spät. Ich war zu lax. Eine gewisse Disziplin müsste schon sein. Wenn jeder zumindest seinen eigenen Teller wegräumen würde, das wäre immerhin schon ein Minimum an Selbstversorgung. Im Zimmer schaut es katastrophal aus, wenn er morgens weggeht, und wenn er zurückkommt, ist wieder alles magisch geschlichtet.

Am Wochenende machen wir oft etwas gemeinsam, obwohl es von seiner Seite eher zufällig so entsteht. Er vergisst, mit seinen Freunden vorher etwas auszumachen, und wenn er dann daran denkt, haben die oft schon etwas vor. Aber er verbringt die Zeit gerne mit uns.

Er ist sehr familiär und er liebt seinen Vater. Das ist sein großer Held. Er will ständig mit seinem Vater etwas machen. Aber das ist nicht immer möglich, weil Anton oft schon etwas vorhat. Tobias verbringt dadurch sehr viel Zeit allein. Wenn sie etwas unternehmen, dann zum Beispiel ins Kino gehen, oder sie gehen in ein Restaurant – nur die beiden. Das finde ich sehr gut. Oft ist es meinem Mann aber zu viel. Er hat oft keine Lust dazu und ist nicht so geschmeichelt, wie man annehmen würde. Er geht nicht unbedingt toll mit Tobias um, er wird ziemlich schnell nervös. Er könnte sich freuen, dass sein Sohn so gern mit ihm zusammen ist und ihn so bewundert. Aber er ist halt sehr von seiner Arbeit absorbiert. Die zwei streiten sich auch wahnsinnig viel. Die Machtspiele sind sehr schlimm. Auf der einen Seite liebt Tobias seinen Vater und der Vater liebt ihn. Aber Tobias hat ein Talent, seinen Vater zu provozieren. Er schaut ihn zum Beispiel so prüfend an und sagt dann: ›Na, ich glaube, du hast zugenommen.‹ Er weiß genau, wo die Knöpfe sind, und sein Vater ist nun mal eitel und wäre gerne schlank.

Tobias schafft es, eine positive Situation negativ zu machen. Er sagt oft etwas, wo sie sich dann gegenseitig anbrüllen. Ich weiß nicht, ob das vielleicht ein selbstdestruktives Handeln ist. Ich hab mich schon gefragt, ob der Tobias vielleicht mit guten Situationen nicht umgehen kann. Er will vielleicht prüfen, wie gut das Ganze tatsächlich ist und wie sehr das Bild stimmt. Ist der Papa wirklich nett? Er zieht vieles ins Negative, weil er im Moment selber sehr negativ ist. Gerade in Momenten der Harmonie testet er dann durch sinnlose Provokation. Das macht er auch bei mir. Er macht sich über mich lustig, zum Beispiel über meinen Akzent. Er will mich runtermachen. Das hat wahrscheinlich viel damit zu tun, dass ich eine Frau bin. Er will sich abgrenzen und sucht oft mehr den Streit als die Harmonie. Letzten Endes ist das auch ein Test. Ich versuche eher, gelassen zu bleiben, aber Anton fällt ihm jedes Mal drauf rein. Er ist sehr temperamentvoll und explodiert. Dann macht Tobias sich über seinen Vater lustig, weil der sich so aufregt.

Sie machen auch Sport zusammen. Früher spielten die beiden Baseball und jetzt spielen sie Tennis. Dann streiten sie sich, weil der Tobias viel besser spielt.

Der Tobias will einfach die Nähe seines Vaters und sein Vater könnte, wenn er sich da engagieren würde, viel ausrichten. Vielleicht ist er unsicher, weil er selbst keine so tolle Kindheit hatte. So ein richtiges Familienleben kennt er gar nicht. Er hat mir zum Beispiel erzählt, dass sein Vater mit ihm ein einziges Mal essen war. Er hat gar kein Rollenmodell und muss jetzt auf einmal Vater spielen. So erkläre ich mir die hohe Emotionalität seiner Vaterrolle. Er ist zum Beispiel sehr ungeduldig. Manchmal verhält sich Tobias abweisend, und da muss man dann eben warten, bis er wieder zugänglich ist. Mitunter kracht es täglich mit seinem Vater. Der Anton ist oft eifersüchtig auf die Kinder, weil sie in seinen Augen oft mehr Liebe kriegen als er. Er hat das Gefühl, sie stehlen meine Zeit. Natürlich gehen wir auch viel weg, ohne Kinder. Aber er will immer partout dann etwas mit mir besprechen, wenn die Kinder dabei sind, immer beim Abendessen. Der Tobias hätte es leichter, wenn er besser mit seinem Vater auskäme.

Tobias steht viel mehr auf seinen Vater als auf mich. Ich weiß, er liebt mich heiß, und wenn es brenzlig wird, dann kommt er zu mir. Aber noch viel dringender sucht er die Nähe zum Vater.

Mein Mann kann ungefähr 80 Prozent bei Tobias ausrichten im Vergleich zu mir. Nur fängt er nix damit an, oder nicht genug. Dann wieder denke ich mir, er ist eh ein guter Vater. Er ist rührend um die Kinder besorgt und würde alles für sie tun. Eher ist er zu großzügig, vor allem mit Geld. Nur so Dinge wie gemeinsam lernen oder ihnen etwas erklären und sich Zeit nehmen, da ist er zu verstrickt in seine Arbeit.

Ich finde die Balance schwierig. Man darf nicht loslassen, weil der Sohn wissen muss, dass die Mutter immer für ihn erreichbar ist. Aber man darf halt nicht diese überwältigende Mutter sein. Das ist oft schwierig, denn man ist ja auch keine Heilige. Gerade ist man niedergemacht worden, und nun soll man wieder etwas für ihn tun. Man darf in solchen Situationen nicht denken: So, und dafür bin ich jetzt gut genug. Das ist eine Durststrecke, die man durchhalten muss, und es wird auch belohnt. Die Kinder werden Erwachsene und Partner.

Zu Weihnachten haben wir mit Freunden ein Haus gemietet. Das war ein jüngeres Ehepaar mit einem noch ganz kleinen Baby. Die Zeit mit ihnen war vor allem für Tobias sensationell. Wir haben immer zusammen gegessen, diese langen, ausführlichen Mahlzeiten, und die beiden haben den Tobias total in die Gespräche eingebunden und seine Schwester auch. Der Tobias hat das wahnsinnig genossen. Er ist aufgeblüht, er hat Geschichten erzählt, er hat Konversation betrieben. Es war für mich eine echte Erleuchtung, wie gut das ging. Die Erwachsenen machen das viel zu selten, es gibt sonst eher diese gesprächsmäßige Trennung zwischen Kindern und Erwachsenen, und das ist gar nicht notwendig. Man muss ja nicht mehr über den Weihnachtsmann sprechen, die Kinder sind ja schon alt genug für völlig normale Gespräche. Der Tobias war mit diesen Leuten viel entspannter. Er hatte einen Witz und einen Humor, ich war erstaunt. Es war toll, und er erzählte so subtile Sachen. Bei den Familienabendessen daheim läuft es anders. Obwohl mein Mann und ich uns ohnehin den ganzen Tag lang sehen, weil wir zusammen arbeiten, fängt er plötzlich an mit tausend Sachen, die unsere Arbeit betreffen. ›Dieses Fax muss ich noch abschicken‹ usw.

Wenn Väter zu Hause arbeiten, sind sie zwar da, aber nicht da. Ich schaue, dass ich mit meinen Sachen, wenn die Kinder um 16 Uhr heimkommen, fertig bin und für sie da bin. Wenn sie mich brauchen, bin ich da. Bei meinem Mann ist das schwieriger, und er führt oft ab 17 Uhr erst seine Telefonate. Eine Freundin, sie ist Psychologin, meinte, der Vater und die Kinder sollten sich fixe Termine ausmachen. Vielleicht zwischen 18 und 19 Uhr, hat sie vorgeschlagen. Dass er sich das richtig als Termin einträgt und dann wirklich da ist. Ich weiß nicht, ob das funktionieren würde. Es klingt mir ein bisschen künstlich, und meiner Erfahrung nach gehen solche Pläne meist in den Wogen des Alltags unter.

Die Krisen in der Pubertät sehe ich auch als eine Suche nach Liebe. Tobias hat bestimmt das Gefühl, dass er geliebt wird. Das machen wir schon gut, glaube ich. ›Ich liebe dich‹ kann man nicht oft genug sagen. Das Selbstwertgefühl muss sich stärken und dazu ist ein liebevolles Verhalten total wichtig. In Krisensituationen fühlen sie sich sonst abgelehnt. Die sind in sich so verknotet und glauben, dass man sie nicht mag und nicht will, weil man keine Zeit hat.«

Für zweigeteilte Spaltungen gibt es einen Ausdruck: schizophren. In diesem Interview hörten wir von einer Frau, deren Haltung ganz deutlich dreigeteilt ist.

Da gibt es einmal die eigenen, authentischen Gedanken und Empfindungen von Elisabeth selber. Diese sind von sehr viel Einfühlungsvermögen und Mitgefühl für den Sohn und für die ganze Lebenssituation eines Teenagers geprägt.

Dann gibt es die Ebene der angelesenen, halbprofessionellen Meinungen. Dazu gehören modische Allerweltsweisheiten (eine Mutter sollte nicht übermächtig auftreten, ein heranwachsender Sohn muss sich von der Mutter differenzieren, Väter sind für heranwachsende Söhne besonders wichtig), die Meinung der befreundeten Psychologin und Ähnliches. Diese Art von psychologischer Basisarbeit ist typisch für unsere Zeit. So, wie sich die Menschen in früheren Zeitaltern auf die Bibel verließen und darauf, was angeblich darin stand – die meisten waren Analphabeten –, so stützen wir uns heute auf tatsächliche oder vermeintliche Erkenntnisse der Psychologie und der Soziologie, weil andere Wegweiser fehlen. Wie labil diese Erkenntnisse sind, sehen wir an Elisabeths Widersprüchlichkeit. Sie meint, der Sohn mache sich wahrscheinlich deshalb über sie lustig und versuche sie herabzusetzen, weil sie eine Frau ist. Doch schon im nächsten Absatz hören wir, dass er sich ganz genauso über seinen Vater lustig macht.

Die dritte Variable im Erziehungskosmos von Elisabeth ist Anton in seiner Rolle als Vater. Dabei geht es mehr um die Rolle, die er spielen könnte und ihrer Meinung nach spielen sollte, als um die Rolle, die er tatsächlich spielt. Ihre Vision von der richtigen Vaterschaft ist so stark, dass sie seine eigentliche Vaterschaft gar nicht bewerten mag. Aus ihren gar nicht einmal so kritischen

Bemerkungen können wir ein Bild zusammenstellen, das wenig positiv aussieht: Er ist reizbar, ungeduldig, eifersüchtig, konkurrierend und unzuverlässig. Elisabeth findet dafür Entschuldigungen. Aufschlussreich die Formulierung, er solle nun »plötzlich« ein guter Vater sein, obwohl er kein gutes Rollenmodell hatte. Plötzlich? Beide Kinder sind Teenager. Er hat über zehn Jahre Zeit gehabt, um seine Defizite aufzuarbeiten.

Von den drei konkurrierenden Erziehungsstimmen, die aus Elisabeth sprechen, ist die erste sichtlich die wertvollste. Warum zum Beispiel macht Tobias oft gerade dann eine störende oder provokante Bemerkung, wenn alles gerade angenehm, friedlich und nett ist? Um selbstdestruktiv zu sein, sagt die Quasi-Psychologin. Weil er sich selber gerade so negativ fühlt und um auszuprobieren, ob er bei »seinen« Erwachsenen einen Halt finden wird, vermutet Elisabeths Einfühlungsvermögen. Sie hat damit die wesentlich plausiblere Version gefunden.

Besonders aufschlussreich ist der Einblick, den dieses Gespräch in die pädagogischen Vorstellungen der wohlhabenden gehobenen Mittelschicht bietet. Der reflektierte Ton dieser intelligenten Frau verdeckt die Tatsache, dass ein 14-Jähriger hier in geradezu haarsträubender Weise unbeaufsichtigt und unkontrolliert durch ein schwieriges Lebensalter stolpert. Aus der sinnvollen Erziehungsdevise, dass Kinder zu Hause alles erzählen können sollten, ist der beängstigende Leitsatz geworden, dass sie alles dürfen sollen, sofern sie es nur erzählen.

Fassen wir zusammen, was dieser 14-Jährige alles darf: Er darf zu Hause Partys feiern, bei denen Alkohol getrunken wird; er darf Hasch rauchen; er darf Gewaltvideos sehen; er darf über das Internet Pornos betrachten. Und das alles in einer gebildeten, gutbürgerlichen Familie. Elisabeth findet diese Dinge zwar nicht explizit gut, aber sie hält sich an modischen Rechtfertigungen fest: Teenager sind eben so, und man kann es ohnehin nicht verhindern. Und mit 13 (vor einem Jahr!) hat er es ja noch nicht getan.

Und diejenigen Kinder, die sich daran nicht beteiligen, sind wahrscheinlich »überbehütet«.

Hierbei handelt es sich um bedenkliche Bagatellisierungen. Allein das Beispiel mit der Pornographie. Was sich vom Internet herunterladen lässt, ist keineswegs mit Playboy-Heften vergleichbar. Ein schüchterner 14-Jähriger, der zu Mädchen keinen guten Kontakt hat, und dessen 13-jährige Schwester können auf gar keinen Fall unbetreut im Internet surfen, ohne sie einer möglichen Beschädigung auszusetzen. Die pseudo-tolerante Haltung der Mutter gegenüber Pornographie vermittelt außerdem eine sehr problematische Botschaft über Sexualität und Frauen.

Auffallend ist auch die Gleichsetzung der Regelübertretungen. Dass Tobias Pornos sieht und Hasch raucht, ist für seine Mutter auf derselben Ebene mit der Tatsache, dass er mit seiner Schwester streitet und zu spät schlafen geht. Hat Elisabeth versucht, Regeln aufzustellen? Hat Tobias dagegen rebelliert? Und hat es sich als undurchführbar erwiesen, ihre Vorstellungen durchzusetzen? Nein, denn sie hat es gar nicht versucht. Stattdessen hören wir in ihren Sätzen eine konstante Selbstzurückstellung und -zurücksetzung. Sie wirft ihren potenziellen Einfluss weg und verschenkt Anlässe, mit dem Sohn grundsätzliche Gespräche zu führen.

Die intelligente und sensible Elisabeth ahnt dies zumindest. Deshalb hat sich ihr die Situation im Urlaub so eingeprägt, als sich das jüngere Ehepaar so problemlos und ausführlich mit Tobias unterhielt.

Gerald (»Jerri«)

Unser nächster Gesprächspartner gehört der sozial schwächeren Schicht an. Was Gerald (»Jerri«) betrifft, so können wir nur hoffen, dass sich in unserer Leserschaft auch genügend Lehrkräfte befinden und dass diese Lehrkräfte in Jerri einige ihrer Schüler wieder erkennen und sie vielleicht durch seine Worte neu und anders wahrzunehmen beginnen. Denn auf Jerris Eltern können wir nicht wirklich bauen. Es gäbe für sie zwar Möglichkeiten, ihren Sohn besser zu stützen, aber ohne Hilfe von außen werden sie diese Möglichkeiten nicht entdecken.

Jerri ist 13. Noch besucht er die 7. Klasse des Gymnasiums, aber in wenigen Wochen – zum Halbjahreswechsel – wird er in die Hauptschule übertreten, weil er schlecht lernt und auch sonst Anpassungsprobleme hat. Jerri ist sehr dünn, sehr blass, seine Proportionen und Bewegungen verraten, dass er in kurzer Zeit sehr schnell in die Höhe geschossen ist. Er wirkt schüchtern und misstrauisch, taut aber während des Gesprächs allmählich auf. Die erste Hälfte des Gesprächs muss man sich stockend vorstellen, mit vielen Zwischenfragen von uns. Aber mit der Zeit kommt Jerri »ins Reden«, und gerade dort, wo es um seine persönlichen Belange und Gefühle geht, entwickelt er eine fast rührende Ausdrucksstärke.

»Ich bin ein Einzelkind. Meine Mutter arbeitet in der Küche bei einer Firma, sie muss schon sehr früh dort sein. Meistens schon um 5 Uhr früh, weil sie die frischen Nahrungsmittel kontrolliert, die hereinkommen. Dann hat sie die Aufsicht beim Kochen und muss schauen, dass beim Austeilen in der Kantine alles klappt. Am Nachmittag muss sie die Bestellungen für den nächsten Tag durchsehen. Meist kommt sie gegen 16 oder 17 Uhr heim. Mein Vater arbeitet in einem Betrieb als Schlosser. Er hat unterschiedliche Schichten, manchmal muss er auch ganz früh arbeiten und kommt dafür am Nachmittag heim, öfter aber ist er bis spät am Abend weg, weil er nach der Arbeit noch privat weitermacht, bei Kunden.

Für mich war die Schule von Anfang an recht schwierig. Ich hab mich dort nie richtig gut gefühlt. Das, was den anderen Kindern so Spaß macht, Musik und Werken und Basteln, war nie was für mich. Ich mag eigentlich Mathematik ganz gern, aber irgendwie ist es in der Schule so hektisch, und ich komme nicht richtig mit. Fast alle in meiner Grundschule haben Klavier gespielt und sich mit Sachen beschäftigt, die mich nicht betreffen. Schlagzeug und Gitarre hätten mich schon interessiert. Aber wenn ich mir vorstelle, ich komme heim zu meinem Alten und sage, he, ich brauche eine Gitarre – der hätte sich nur an den Kopf getippt. Das war einfach nicht drin.

In der Grundschule habe ich immer zu denen gehört, die in der letzten Bank gesessen sind und nichts gesagt haben. Es war aber so, dass die Lehrerin mit mir ganz zufrieden war. Ich habe zwar nicht viel gekonnt, aber ganz schlecht war ich auch nicht. Und ich machte keinen Wirbel und fiel nicht auf. Dann ging es darum, ob ich ins Gymnasium gehen soll. Die Lehrerin mochte mich, und die hat meinen Eltern zugeredet. Meine Eltern wollten mich eigentlich gleich in die Hauptschule stecken, wo ich jetzt ja auch hinkomme. Die Lehrerin meinte aber, dass sie mir eine Chance geben sollen, und wenn sie mich unterstützen, dann werde ich es schon schaffen. Aber meine Eltern haben von Schule wenig Ahnung. Sie finden es auch nicht so wichtig. Sie waren zuerst schon ein bisschen stolz, dass ich das Gymnasium schaffe, aber dann war es so, dass sie sich nicht darum gekümmert haben. Bei anderen Jungen sehe ich sogar, dass die Mütter mit ihnen sitzen und sie sogar abprüfen und alles Mögliche machen. Wenn ich zu meinem Freund, dem Philipp, gegangen bin, wo sich eben seine Mutter so gekümmert hat und Vokabeln abgefragt hat, da war mir das eher unangenehm, diese ganze Beachtung. Mir war das richtig peinlich. Ich bin dann am Nachmittag schon gar nicht mehr mit ihm mitgegangen. Heute denke ich mir, dass ich mir das wohl auch immer gewünscht habe. Stattdessen bin ich dann nach der Schule spazieren gegangen, und meist habe ich Kinder kennen gelernt, die Basketball spielen gegangen sind oder Fußball. Wenn ein Kind mit einem Ball herumgegangen ist, dann hab ich mich dem angeschlossen. Ich bin in verschiedene Stadtviertel gekommen, bin mit der U-Bahn quer durch die Stadt gefahren. Aber mit der Zeit habe ich dadurch halt meine Hausaufgaben nicht mehr gemacht.

In der Schule war es so, dass ich mich nicht besonders wohl gefühlt habe, weil man zu einer Gruppe dazugehören muss. Zu einer Gruppe gehört man dazu, wenn man in irgendetwas gut ist. Zum Beispiel im Basketballspielen. Bei mir ist das komisch. Wenn ich außerhalb der Schule spiele mit Kindern, die ich gar nicht kenne, dann spiele ich viel besser. Wenn ich dann aber in der Schule spiele, bin ich nicht gut. Irgendwie macht mich die Situation mit meinen Schulfreunden nervös. Ich habe immer das Gefühl, dass sie nichts von mir halten.

Mit den Lehrern ist es auch so. Ich bin halt einer, der nicht wirklich was bringt und dem man nicht allzu viel Beachtung schenkt. Ich kann mich nicht erinnern, dass jemals ein Lehrer wirklich nett zu mir war. Wenn ich mir überlege, die meisten Lehrer haben ihre Lieblingsschüler und das sind im Grunde immer dieselben. Das sind die, die irgendwie besser drauf sind als ich. Für mich ist es sehr schwierig, freundlich zu sein und herumzuschleimen und irgendwas von mir aus zu erzählen. Das schaffe ich nicht, das lässt mich einfach kalt. Ich habe sie alle schon abgeschrieben und habe null Bock auf das ganze Getue.

Meine Eltern haben immer geglaubt, dass ich nach der Schule noch mit Freunden mitgehe, so wie ganz am Anfang in der 5. Klasse, und dass wir zusammen etwas machen oder lernen. Wenn ich dann so um 6 Uhr nach Hause gekommen bin, haben sie mich nie gefragt, wo ich war. Da waren sie dann völlig fertig, als sie in die Schule gerufen wurden. Da waren eben so ein paar Sachen. Die haben uns erwischt, beim Ladendiebstahl im Libro und, na ja, beim zweiten Mal wurde das der Schule gemeldet. Der Klassenlehrer hat meine Eltern hinbestellt und die haben dann gesagt, was, du warst nicht beim Philipp?

Eigentlich eine blöde Sache. Ich war mit drei Kerlen zusammen, die waren nicht aus meiner Schule. Die habe ich ein paar Tage zuvor auf der Straße kennen gelernt und wir haben einfach probiert, ob wir was mitnehmen können, ohne dass es auffällt. Das war nur Spaß und nicht ernst. Ich wollte das eigentlich gar nicht. Meine Eltern haben am Weg überhaupt nichts mit mir geredet. Wie wir daheim waren, hat mein Vater mir eine Riesenwatsche gegeben. Er hat immer schon dazu tendiert, mir eine runterzuhauen, wenn er wütend war oder wenn ich widersprochen habe. Aber so eine Watsche habe ich noch nie bekommen.

Das liegt jetzt schon eine Weile zurück und jetzt ist es auch an der Schule aus. Ich bin demnächst an der Hauptschule. Mir ist das nur recht. In Wirklichkeit gehöre ich eh nicht dazu. Die Schule war nichts für mich. Das Lernen hat mich auch nicht interessiert. Ich hab schon gespürt, dass ich es irgendwie schaffen könnte, aber ich habe nie richtig den Einstieg geschafft. Irgendwie ist mir das alles davongeschwommen.

Bei meinen Streifzügen durch die Stadt habe ich schon auch Typen kennen gelernt, die mit Drogen zu tun haben. Sie suchen sich ja Kinder aus, die in der Schule sind und diese Drogen dann den Kindern in der Klasse anbieten. Mich haben auch ein paar gefragt, ob ich nicht was in die Schule mitnehmen würde. Ich hätte dann einen Anteil bekommen. Ein paar Hunderter (Schilling) sind da schon jedes Mal drinnen, wenn man vier oder fünf Kinder dazu bringen kann. Aber irgendwie hatte ich keine Lust. Ich glaube, es wäre nicht so schwer gewesen, aber das gibt nur Ärger. Ein bisschen hält mich auch die Angst vor meinem Vater ab. Der würde ausrasten.

Obwohl ich das Geld brauchen könnte. Ich bekomme 100 Schilling Taschengeld in der Woche, und damit kommt man nicht sehr weit. Ich fahre zum Beispiel immer schwarz. Weil wenn ich die Zusatzkarte kaufe, dann ist mein halbes Taschengeld schon weg. Also fahre ich schwarz und das ist auch immer so ein Nervenkitzel.

Ich habe zwei Mädchen, mit denen ich wirklich gut bin. Die sind zwei Klassen über mir und wir können wirklich gut reden. Die wollen von mir hören, was Jungs über Mädchen denken, und sie fragen mich die unwahrscheinlichsten Sachen. Die sind wirklich ganz, ganz nett. Ich bin so was wie ein kleinerer Bruder von denen. Die haben immer Geld und sie haben mich schon öfters ins Kino eingeladen. Es macht ihnen Spaß, mich in Jugendverbotfilme mitzunehmen. Da gehen sowieso schon alle hin. Die wollen aber immer in so Liebesfilme gehen und das interessiert mich nicht so sehr. Ich stehe mehr auf Action und so.

Ich glaube, ich möchte so schnell wie möglich mit dem Arbeiten beginnen. Die Schule ist für mich nur Zeitverschwendung. Ich bräuchte einen Anstoß. Die, die weiter ins Gymnasium gehen, die schlummern noch so dahin. Für die ist alles noch in weiter Ferne, was sie einmal tun sollen. Ich möchte aber irgendetwas machen, wo ich mich total reinschmeißen kann. So genau weiß ich das noch nicht.

Daheim bin ich nicht so gerne. Ich habe immer das Gefühl, dass meine Eltern nur weitere Probleme erwarten mit mir. Wenn ich am Abend mit meinen Eltern dasitze, dann bin ich froh, wenn es im Fernsehen etwas gibt. Wenn ich in mein Zimmer gehe, dann glauben sie gleich, dass ich ein Geheimnis habe. Irgendwie habe ich keinen Bock mehr, mit meinen Alten zu reden. Meine Mutter war früher anders. Manchmal ist sie auch jetzt noch so, dann steckt sie mir zum Beispiel in der Früh einen 50er zu. Sie zeigt mir schon noch, dass sie mich mag. Mein Vater ist so schroff und abweisend. Einmal hat er gesagt, dass er sich um mich Sorgen macht. Na ja, was sollte ich dann sagen? Soll ich sagen, dass er sich keine Sorgen machen muss? Er glaubt mir ja sowieso nicht. Ich habe das Gefühl, dass mein Vater mich schon für verloren hält. Alles läuft schief in meinem Leben. Ich freue mich schon auf die Zeit, wenn ich arbeite und ausgehen und tanzen kann. Wir haben eine kleine Wohnung und ich darf nie laut die Anlage aufdrehen. Ich muss immer mit Kopfhörern Musik hören und sogar da kommen sie gleich rein, wenn ich laut aufdrehe. Bitte, so laut kann das doch gar nicht sein, sonst würden ja die Kopfhörer explodieren. Ich habe das Gefühl, es stört sie alles an mir.

In erster Linie möchte ich aus der Schule raus. Meine Eltern bestimmen alles selber. Ich werde da nicht gefragt. Manchmal staune ich, wie meine Klassenkameraden bei Sachen mitreden dürfen. Die werden in ihrer Familie wie Erwachsene behandelt. Das war bei uns noch nie. Das finde ich aber richtig gut. Im Grunde weiß doch ich, was für mich gut ist. Ich kenne mich ja am besten, aber keiner will mir glauben.

Zum Beispiel fragen sie mich, warum ich nicht in einer Clique bin. Da braucht man aber Geld dafür. Die gehen andauernd ins Kino oder sie gehen ins Skatelab (eine Halle für Skateboards und Rollerbladers) oder sie gehen sonst irgendwohin, wo man Eintritt zahlen muss. Man braucht eine Menge Kohle, um dabei zu sein. Dann sind sie auch total gut drauf mit irgendwelchen Kleidungsstücken. Das war bei mir nie so. Meine Mutter kauft praktisch alles bei C & A und das sieht man ja sofort. Wenn ich mich dann im Unterschied zu den anderen sehe, dann weiß ich schon, dass ich nicht so toll aussehe. Die vergleichen dann immer die Schuhe und die T-Shirts.

Bei den Lehrern ist das so, dass auch sie die Kinder lieber haben, deren Eltern ständig auf der Matte stehen und sich kümmern und anklopfen. Die fühlen sich dann gebauchpinselt. Die brauchen ja auch eine Menge Zustimmung und Lob. Meine Eltern kommen nur in die Schule, wenn es Zoff gibt.«

Wir kannten Jerri vor diesem Gespräch überhaupt nicht. Das erste bemerkenswerte Faktum über seine und ähnliche Interviews war für uns daher eigentlich, dass es überhaupt stattfand. Innerhalb kürzester Zeit hatte uns dieser schüchterne, zurückhaltende Junge in erstaunlicher Ausführlichkeit alles Mögliche anvertraut: seine

Ladendiebstähle, seine Berufschancen als Drogenkurier, sein Scheitern in der Schule, sein Gefühl, ein Versager und Außenseiter zu sein. Der stille Jerri hatte ein ausführliches Innenleben und war hervorragend imstande, sich mitzuteilen: sein Gefühl, nicht in seine Gymnasiumsklasse zu gehören, die Vergleiche, die er zwischen seinen Eltern und den gutbürgerlichen Eltern seiner Kameraden anstellte, seine Enttäuschungen und die bedrückenden Lebenslektionen, die er daraus zog. Das soll kein Eigenlob sein. Jerri zum Sprechen zu bringen, war überhaupt nicht schwer. Es fand sich offenbar bloß selten jemand, der sich die Mühe machte.

Wer sollte das sein? Nicht seine Eltern. Die waren fleißig und gutwillig, in manchen Bereichen der Erziehung in ihrer eigenen Art sogar effektiv – immerhin hielt die Angst vor dem väterlichen »Ausrasten« Jerri davon ab, sich im Drogenhandel zu betätigen. Wenn die »Watsche« auch nicht als optimale Erziehungsmaßnahme anzusehen ist, so ist doch festzuhalten, dass Jerris Eltern an ihm interessiert waren. Von der Schule gerufen, kamen beide – das ist keine Selbstverständlichkeit. Es gibt genug Eltern, die sich auch im Fall von »Zoff« dort nicht hinbemühen. Jerris Eltern waren aber nicht dazu ausgerüstet, seine Interessen gegenüber der Schule besser zu vertreten. Da sie selbst nie ein Gymnasium besucht hatten, wussten sie nicht, welche Form der elterlichen Mitwirkung hier günstig ist.

Auch wenn sie kein Geld für Nachhilfestunden und keine eigenen akademischen Kompetenzen fürs Mitlernen und Abfragen besaßen, hätten sie Jerri durch bessere Beaufsichtigung vermutlich aber dazu bringen können, seine Hausaufgaben zu machen. Vielleicht hätten sie die Freundschaft mit Philipp fördern können, dann hätte Jerri von Philipps engagierter Mutter mitprofitiert. Vielleicht hätte es eine öffentliche Nachmittags- und Lernbetreuung gegeben, an der Jerri kostengünstig hätte teilnehmen können. Keine dieser Möglichkeiten wurde jemals mit seinen Eltern erörtert. Dabei brachten gerade diese Eltern gute Voraussetzungen mit. Sogar der verschlossene Vater hatte sich bemüht, mit dem Sohn ein Gespräch zu eröffnen, indem er ihm mitteilte, er mache sich Sorgen. Danach wusste er nicht weiter, aber das ist nicht seine Schuld. Die Mutter zeigte nicht mehr wie früher ihre Wärme; Jerri war gezwungen, aus kühleren Handlungen wie dem Zustecken von Geldscheinen auf ihre fortgesetzte Zuneigung zu schließen.

Kein Abitur zu machen, eher ein Handwerk zu erlernen, das ist nicht negativ und in Zeiten hoher Akademikerarbeitslosigkeit auch ökonomisch kein Fehler. Aber für Jerri hat diese Entwicklung viele schlechte Seiten. Es ist ein Scheitern – er hat es im Gymnasium versucht, es dort nicht geschafft und damit »bewiesen«, dass die niedrigere ursprüngliche Einschätzung durch seine Eltern »richtig« war.

Der Umstieg auf die neue Schule wird nicht ganz leicht sein. Jerri wird Unterstützung brauchen, doch gerade jetzt wird das Familienklima kälter, der Dunst von kommenden Problemen und Enttäuschungen liegt in der Luft. Wir können hier sehen, wie ein Kind ganz deutlich einen Wendepunkt erreicht.

Ohne das Vergehen des Ladendiebstahls zu bagatellisieren und in Anerkennung der Tatsache, dass Jerri auch mit 13 Jahren für seine Handlung verantwortlich ist, ist dennoch nachvollziehbar, dass er ein Begehren nach Sachen und nach Geld empfindet. Dass er es, nachdem er schon einmal erwischt worden war, ein zweites Mal versuchte, ist ein schlechtes Zeichen.

Die Kultur der Jugendlichen geht davon aus, dass »man« Geld hat. Das hat sowohl eine subjektive Seite – mit modischen Artikeln kann man beeindrucken oder man glaubt zumindest, das zu können – als auch eine objektive Seite – es ist richtig, dass fast alle gemeinsamen Beschäftigungen der Jugendlichen Geld kosten, viel Geld sogar. Wer keines hat, fühlt sich als Außenseiter – Stehlen oder Dealen bieten sich als Lösungen an.

Das wichtigste Fazit aus Fällen wie Jerri betrifft die Lehrer. Ohne wirklichen zusätzlichen Zeitaufwand gibt es eine Menge wichtige Dinge, die Lehrer für Kinder wie Jerri tun könnten. Zum Beispiel:

● Wenn ersichtlich ist, dass eine Familie aus dem sonstigen sozialen Rahmen der Schule fällt, dann können ein paar einfache integrative Bemühungen zu Beginn viele spätere Probleme verhindern. Besonders dort, wo es sich um gutwillige Eltern handelt, kann der Klassenlehrer oder die Klassenlehrerin mit den Eltern einen grundsätzlichen Plan zur Lernunterstützung ausarbeiten. Sie können informiert werden über Nachmittagsbetreuungen und verfügbare Lernhilfen, darauf hingewiesen werden, dass ein Kind an die Hausaufgaben und an das Lernen erinnert werden soll. Die Lehrer wissen, welche Kinder befreundet sind, und können die Eltern darauf hinweisen, dass ihr Sohn sich gemeinsam mit Robert auf die Geographie-Prüfung vorbereiten könnte. Ein Frühwarnsystem sollte besprochen werden, damit die Eltern rechtzeitig erfahren, wenn das Kind zum Beispiel regelmäßig die Hausaufgaben nicht macht. Dramatische Rettungsaktionen sind für wohlhabende Eltern leichter – die können es sich eher leisten, mehrmals wöchentlich in verschiedenen Fächern Nachhilfe zu bezahlen. Weniger bemittelte Eltern sollten die Chance bekommen, früher zu intervenieren, wenn der Stoff noch leichter vom Kind alleine nachgeholt werden kann.

● Eltern, die nicht der Mittelschicht angehören, können ihrem Kind meist keine guten Lerntechniken vermitteln. Daher ist es günstig, entsprechende Übungen in den Unterricht einzubauen. Das gelegentliche Stellen gemeinsamer Aufgaben, die gemeinsame Wiederholung von Stoff, das gegenseitige Abfragen zum Beispiel während einer Vertretungsstunde usw. helfen allen Kindern.

• Das »Kind in der hintersten Bankreihe« wird leicht übersehen oder etikettiert. Es nun ins Zentrum des Geschehens zu stellen, ist nicht die geeignete Gegenmaßnahme. Gut ist persönliche Zuwendung, vor allem ist es gut, Akzeptanz und Zuversicht auszudrücken. Solche Kinder drücken sich oft abgeklärt oder gleichgültig aus. Sie haben »null Bock«, erklären laut die Sinnlosigkeit von Schule, bezeichnen schulisches Bemühen als »Schleimen«. Für Lehrer klingen ihre Sätze provokant, aber sie sind oft nicht so gemeint. Eher drücken sie eine resignative Haltung aus. Das sind mitunter Kinder, die fast schon aufgegeben haben, die zwar irgendwie »spüren, dass sie es könnten«, die aber durch ihre soziale Situation blockiert sind. Sie möchten gerne lernen und dazugehören, aber sie befürchten, dass es ihnen nicht gelingen wird, und bauen dem Scheitern durch gespielte Gleichgültigkeit vor.

Heranwachsende Jungen brauchen Männer, brauchen Väter. Hier konnten wir am praktischen Beispiel sehen, dass es aber nicht einfach *irgendwelche* Männer oder *irgendein* Vater tun. Ganz so einfach, wie das Schlagwort es suggeriert, liegen die Dinge nicht. Das männliche Geschlechtsmerkmal ist zwar ein schöner Schmuck, aber noch kein Ausweis für fortgeschrittene Pädagogik.

Die billige Kumpanei, beispielsweise einem 14-Jährigen ein Bier anzubieten, gegenüber der Schule den Schulterschluss vorzutäuschen, die Lehrer damit ruhig zu stellen und danach zu Hause Ohrfeigen auszuteilen – die maskulinen Erziehungsbeiträge solcher Väter lassen uns kalt. Aber auch Lehrer und Jugendarbeiter lassen sich zu dieser Methode hinreißen. Wir lernten Lehrer kennen, die auf Klassenreisen mit ihren 14-jährigen Schülern gemeinsam einen »Verdauungs-Tschick« nach dem Mittagessen rauchen, die eine ordinäre und sexistische Sprache nicht nur durchgehen ließen, sondern sich daran beteiligten, um »cool« zu wirken. Anbiederungsversuche dieser Art sind leider keinesfalls selten. Sie erzeugen nicht Nähe, sondern nur ein schlechtes Klima.

Der wesentlich wertvollere Beitrag läge darin, für junge Leute preisgünstige oder kostenlose Unterhaltungsmöglichkeiten und Treffpunkte zu organisieren. Jugendzentren sind de facto so schichtspezifisch, dass sie nur einer Minderheit offen stehen. Je nach Nachbarschaft werden sie schnell zu einem Treffpunkt für eine bestimmte Clique, eine ethnische Minderheit oder eine bestimmte soziale Gruppierung. Weite Teile der (unteren) Mittelschicht bleiben übrig. Vor allem großräumige Orte, in denen sportliche Aktivitäten bei Schlechtwetter auch drinnen betrieben werden können, wie Skatelabs ohne teuren Eintritt, und neutrale Treffpunkte mit Getränken zum Supermarktpreis, mit Billard- oder Pingpongtischen oder dergleichen Aktivitäten, die auch eine gemischtgeschlechtliche, nicht rein leistungsorientierte Sportlichkeit erlauben, dies alles würde eine enorme Verbesserung an Lebensqualität bewirken und einen gewissen Prozentsatz an Kleinkriminalität eliminieren. Gut wäre auch eine Organisation, die Skateboards, Schlittschuhe, Rollerblades, Ski und andere Sportgeräte dieser Art einsammelt und weiterverteilt – ausgewachsene Utensilien dieser Art liegen haufenweise in den Kellern und Garagen der Mittel- und Oberschicht herum und warten auf irgendeinen theoretischen kleinen Cousin, der sie nie brauchen oder wollen wird, weil sie ihm bis dahin nicht mehr aktuell und fein genug sind.

Und was folgt daraus?

Zusammenfassend zu unseren unterschiedlichen »Jungs« können wir folgende allgemeine Bemerkungen treffen:

Eltern sind der erste Spiegel eines Kindes.
Es gibt Menschen, die willensstark und querdenkerisch genug sind, um sich gegen ein negatives, heruntermachendes Spiegelbild hinwegzusetzen und trotzdem etwas aus sich zu machen. Aber für viele junge Menschen ist der Blick ihrer Eltern so etwas wie ein delphisches Orakel. Jerris Eltern hielten ihn für Hauptschul-Material, und nach einer kurzen, hoffnungsvollen Episode im Gymnasium ist er dort auch gelandet. Der Glaube, den eine Lehrerin in ihn setzte, gab ihm kurz Flügel. Wäre Jerri im Gymnasium auf jemanden gestoßen, der diesen Glauben fortgesetzt hätte, hätte Jerri es höchstwahrscheinlich geschafft. Es war keine Frage der Intelligenz oder der Lernfähigkeit, sondern eine Frage der Motivation. Jerri brauchte einen Halt, er brauchte Motivation in Gestalt einer greifbaren Person, die ihn zum Lernen, zum Hausaufgabenmachen animiert und ihm hin und wieder gesagt hätte, dass er hierher gehörte und es schaffen könnte. Wenn Jerri in den elterlichen Spiegel schaut, sieht er einen Hauptschüler, der sein Ziel nicht zu hoch stecken soll und der irgendwann wahrscheinlich Probleme verursachen wird.

Wir haben in Gymnasien unzählige Kinder angetroffen, die auf den unsichtbaren Händen zahlreicher Erwachsener durch ihre Schuljahre getragen wurden. Sie waren zwar in sozialer Hinsicht genauso allein gelassen wie Kinder anderer Schichten, aber ihre akademischen Probleme bedeuteten für die Familien Alarmstufe drei. Das waren Kinder der Mittelschicht und der oberen Mittelschicht. Sie hatten ebenso wenig oder noch weniger eigene Lernmotivation, aber sie hatten Mütter, die Vokabeln abfragten, Väter, die den Sprechtag besuchten und sich dort gesittet zu benehmen verstanden, die sich im Elternverein engagierten, und sie hatten Nachhilfelehrer (oft eine ganze Riege davon). Sie lebten in einem Milieu, in dem »man« selbstverständlich ein Gymnasium besucht und das Abitur macht, in dem die Hauptschule nicht einmal eine ferne Option, geschweige denn der eigentlich erwartete Weg ist.

Wie viele sozialkritische Lehrer bemerken gar nicht, wie sich vor ihren Augen und in ihren Schulräumen die Klassengesellschaft reproduziert, indem ein stiller Junge allmählich aussortiert wird? Wie viele werfen das Kind in einen Topf mit dem unangenehmen, unkooperativen Vater und schreiben gleich die ganze Familie ab?

Die Kameraden sind der zweite Spiegel des Kindes.
Meist im Kindergarten, manchmal erst in der Volksschule, steht das Kind plötzlich einer neuen, großen Gruppe gegenüber, in die es sich einfügen muss, die es beurteilt. Dieser Spiegel kann das Bild, das von den Eltern kommt, bestätigen, ergänzen, revidieren – er kann ihm aber auch gänzlich widersprechen. Kinder aus gestörtem Elternhaus blühen manchmal in der Schule auf, wenn sie in den Augen einer Lehrerin oder ihrer Mitschüler die Anerkennung und Zuneigung finden, die sie zu Hause entbehren. Bei vielen Kindern sind die Eigenschaften, die ihnen zu Hause Zustimmung einbringen, nicht dieselben, die in der Schule gelten. Das gilt für Jungen vielleicht mehr als für Mädchen – Knaben lernen in der Schule mitunter einen rauen Männlichkeitskodex kennen, während sie zu Hause mit ihrer Intelligenz und ihrem »Zivilisationsgrad« punkteten.

Jerri hätte keine Probleme damit, von der Jungengruppe anerkannt oder zumindest nicht als auffällig ausgesondert zu werden, aber er hat ein soziales Problem. Seine Schichtzugehörigkeit stellt ihn an den Rand. Er hat nicht dieselben Hobbys und Freizeitaktivitäten, weil seine Familie sich das nicht leisten kann. Er trägt nicht die modische Kleidung. Seine Eltern sind »anders«. Die Unterschiede sind eigentlich geringfügig und es ist bedrückend, wie wirkungsvoll sie dennoch sind. Das zu thematisieren, täte jungen Leuten gut. Jerris Erzählung eignet sich bereits als Gesprächseinstieg.

Wenn Jerri in den kameradschaftlichen Spiegel schaut, sieht er einen schlecht gekleideten jungen Menschen, der nicht dazugehört. Der kritische Blick seiner Mitschüler macht ihn so nervös, dass er nicht einmal mehr richtig Basketball spielen, geschweige denn sich sonst wie unbefangen benehmen kann.

Der dritte Spiegel des Kindes ist die Umwelt.
Für ein Kind im Schulalter ist hier in erster Linie die Lehrerschaft von Bedeutung. Wenn Jerri in den Lehrer-Spiegel schaut, sieht er gar nichts. Er hat das Gefühl, nicht wahrgenommen und schon gar nicht ernst genommen zu werden.

Ob Lehrer oder Eltern, Sie sollten nie vergessen:

● Ein Teenager ist ein Kind. Er mag aussehen wie ein Mann, eine tiefe Stimme haben wie ein Mann, aber er ist ein Kind. Es handelt sich um eine Übergangssituation, und Übergangssituationen sind Zeiten besonderer Gefahr und Verletzbarkeit.
● Sie als Mutter oder Vater, als Lehrer oder Lehrerin haben viel mehr Möglichkeiten und viel mehr Einfluss, auf ihn einzuwirken, als Sie vielleicht denken.
● Jetzt ist der absolut falsche Zeitpunkt, »loszulassen« oder »abzunabeln« – jetzt ist verstärkte Umsorgung angesagt. Wenn Sie bis jetzt eine gute Beziehung zu Ihrem Kind hatten, dann wollen Sie doch nicht vor dem Ziel das Rennen abbrechen. Und wenn Sie das eine oder andere größere oder kleinere Versäumnis bereuen, dann haben Sie jetzt noch eine allerletzte Chance, Ihrem Kind näher zu kommen.

● Und an die Väter gerichtet: Es ist sehr verführerisch, entweder der lockere Elternteil zu sein, der alles viel lässiger nimmt und alles erlaubt, oder aber der strengere Elternteil, der Angst und Respekt einflößt. Das sind zwei klassische Modelle für väterliches Auftreten, Ersteres das zeitgenössisch-moderne Modell, Zweiteres das klassisch-traditionelle Modell. Beide Modelle sind zeitsparend. Im ersten Fall genügt ein »Ja«, und man hat wieder seine Ruhe. Im zweiten Fall genügt ein tiefstimmiges Machtwort, und die Kinder verziehen sich.

In dieser Variante sind die Modelle zwar praktisch, aber eigentlich unlauter. Sie beruhen außerdem darauf, dass es einen zweiten Elternteil gibt, der Schadenskontrolle betreibt. Im ersten Fall verlangt dies von der Mutter, daß sie strenger, vorsichtiger oder besorgter ist, im zweiten Fall, dass sie liebevoller, milder und großzügiger auftritt.

Unterschiede im Erziehungsstil sind o.k., sind sogar gut, weil jeder Elternteil dann ein Korrektiv hat. Sich unter dem Deckmantel des Erziehungsstils aber in eine Mini-Elternschaft hineinzuschleichen und mit einem freundlichen »Ja« oder einem knurrigen »Nein« die Diskussion zu beenden, ist geschummelt. Sie wissen genau, was wir meinen.

Mammutjäger als Pädagogen

Wird Ihr Sohn in der Schule verspottet, weil er etwas zu dick ist, zu klein, zu dünn, zu blass, zu schüchtern oder sonst wie anders als das ultracoole Ideal, dem alle nacheifern?

Behandelt ein Lehrer Ihren Sohn ungerecht und kränkend?

Dürfen die Freunde und Klassenkameraden Ihres Sohnes scheinbar unbeaufsichtigt tun und lassen, was sie wollen? Wird Ihnen vorgeworfen, überbehütend und altmodisch zu sein?

Haben Sie grundsätzliche Meinungsverschiedenheiten mit Ihrem Mann über die richtige Art und Weise, mit Ihrem Sohn und seinen Problemen umzugehen?

Wollen Sie einen emanzipierten, partnerschaftlichen, netten Mann aus Ihrem Sohn machen, aber wissen Sie manchmal insgeheim nicht, ob er in dieser Welt dann als Mann bestehen und ernst genommen werden kann?

Dann sind Sie eine intelligente, moderne Frau, die zu Hause einen männlichen Teenager hat.

Beim Elternabend plädiert ausgerechnet Rita N. dafür, das geplante experimentelle Mathematikprogramm nicht erst in der 12., sondern schon in der 9. Klasse einzuführen. Dabei ist allgemein bekannt, dass ihr Sohn mit Mathematik die allergrößten Schwierigkeiten hat. Die Gegner des Curriculumexperiments haben fest damit gerechnet, dass Rita zu ihnen halten würde, um die schwierigen neuen Inhalte wenigstens ein paar Jahre hinauszuschieben.

Doch Rita hat ihre Gründe. »Dieses neue Curriculum schafft Hannes nie«, erklärt sie offenherzig. »Der arme Kerl kommt schon jetzt kaum mit. Auf jeden Fall wird er Nachhilfestunden brauchen. Wenn das Programm im nächsten Jahr beginnt, kann ich ihn zwingen, sich jeden Abend mit mir hinzusetzen und den Stoff noch mal durchzugehen. Ich hab mich mit Mathe immer gut ausgekannt und werd es ihm schon irgendwie einbläuen können. Aber wenn es erst in der 12. Klasse dazu kommt, hab ich keine Chance. Der hört doch dann nicht mehr auf mich! Der steckt mich mitsamt dem Nachhilfelehrer in die Tasche. Der ist dann schon so groß, der lässt sich doch von mir nichts mehr sagen! Es muss jetzt sein, solange ich ihn noch beeinflussen kann.«

Diese intelligente, selbstbewusste, beruflich äußerst durchsetzungsfähige Frau nahm ganz selbstverständlich an, dass sich ihr Sohn in der Adoleszenz gegen sie auflehnen würde, dass er dann nicht mehr erreichbar sein würde für ihre Hilfe oder Steuerung, sondern dass er sich dann rebellisch, lernverweigernd, protestierend sträuben würde gegen Versuche, seinen Schulerfolg zu unterstützen.

In der Fachsprache der Soziologie nennen wir so etwas eine »self-fulfilling prophecy«, eine Befürchtung, der wir gerade dadurch zur Verwirklichung verhelfen, dass wir sie für unabwendbar halten. Rita redet sich dieses Ergebnis ein, und der Sohn hört sie. Auch er bekommt jahrelang die Aussage serviert, dass er ab 16 mit seiner Mutter nichts mehr zu tun haben wird.

Gerade Rita scheint keinen ersichtlichen Grund für diese Befürchtung zu haben. Ihr Sohn ist zwar kein »Streber«, aber auch kein renitenter Junge. Er ist weder braver noch schlimmer als andere und hat allem Anschein nach mit seinen Eltern ein lockeres, freundschaftliches, liebevolles Verhältnis. Warum soll das in drei Jahren ganz und grundsätzlich anders sein?

»Das weiß man doch«, erwidert Rita ungeduldig auf solche Nachfragen. »Man weiß doch, wie pestig Jungen werden, wenn sie in die Pubertät kommen.«

In vier Jahren hörten wir eine Menge aktuelles »Volksgut« darüber, wie Teenager so sind. Steif standen die Eltern da und verabschiedeten ihre Kinder in die Skiwoche. Die Mädchen wurden von ihren Müttern hastig umarmt – die Jungen nicht, weil »das ist denen doch peinlich, vor ihren Freunden«. Oje – hatten die Eltern es kürzlich vielleicht versucht und waren sie schnöde weggestoßen worden? Nein. Sie hatten ganz von sich aus damit aufgehört, denn: »Das weiß man doch.« Unterhielten sie sich mit den Freunden ihrer Söhne, wenn die mal vorbeikamen? Bloß nicht! Das ist denen doch schrecklich unangenehm, wenn die Oldies mit ihnen quatschen wollen. Schon mal versucht? Nicht nötig – das »weiß man doch«.

Die durchschnittliche Elternhaltung einem Teenager gegenüber stellt einen einseitigen Rückzug dar:

Das Interesse für die Alltagserlebnisse des Kindes nimmt radikal ab und erlebt eine bipolare Teilung: Entweder gibt es »keine Probleme«, dann muss man sich nicht weiter kümmern, oder es gibt Probleme. Da »man doch weiß«, dass Teenager nicht mitteilsam sind, lässt man sie in ersterem Fall lieber in Ruhe, und im zweiten Fall wird man wahrscheinlich erst recht nichts aus ihnen herausholen. Je nach sozialer Schicht, persönlicher Veranlagung und Art des Problems verläuft die Elternintervention über Schimpfen, Konfrontieren, Drohen, Reinwaschen, Leugnen, Freikaufen. Das sind sehr unterschiedliche Reaktionsweisen, denen eines gemeinsam ist: Die tatsächliche wechselseitige Kommunikation mit dem Jugendlichen bleibt minimal.

Der Rückzug betrifft beide Elternteile. Viele Väter standen ohnehin schon ziemlich am Rande. Manche interessieren sich in diesem Alter zwar verstärkt für den schulischen Erfolg ihrer Kinder: In Mittelschichtgymnasien fällt sofort die verstärkte Präsenz der Väter beim Elternsprechtag auf. Väter, die in der Volksschule nicht zum Sprechtag gingen, erscheinen plötzlich im Gymnasium. Es scheint sich damit um eine unausgesprochene protokollarische Frage zu handeln: Das Erscheinen des Vaters, oft noch in seiner Berufskleidung, vorzugsweise in Anzug und Krawatte, signalisiert den Lehrern, dass diese Familie die schulischen Leistungen ihres Kindes ernst nimmt. Zeichen für eine neue Intimität zwischen Vätern und Söhnen konnten wir jedoch in der Regel nicht finden. Der Vater kommt nicht näher, aber die Mutter weicht zurück.

Sehr deutlich zeichnete sich ab, dass Mütter sich im Lauf der Pubertät abrupt und einseitig von ihren Söhnen zurückziehen. Die neue – weitgehend selbst erzeugte – Distanz machte die Mütter unglücklich, wodurch umso mehr auffiel, dass sie ihr Verhalten nicht wirklich begründen konnten, sondern sich nur auf die oben schon angesprochenen abstrakten Wahrheiten bezogen, die »man« angeblich »einfach weiß«. Der Sohn will es so. Zu viel Nähe, und er wird ein Muttersöhnchen. Zu viel Zuwendung, und man schadet ihm.

Auffallend war daher auch, dass gerade die überdurchschnittlich gefestigten Söhne – diejenigen, die vergleichsweise gelassen ihren Weg gingen, sich mit ihrer Peer-group gut verstanden, aber auch mit Lehrern und Erwachsenen ein gutes Auskommen fanden –, dass diese den deutlich engeren Kontakt zu ihren Müttern hatten.

Unsere Beobachtung wird auch von anderen Forschern in diesem Sektor bestätigt. William F. Pollack zum Beispiel schreibt:

»Im Gegensatz zu den tradierten Befürchtungen gegenüber einer engen Mutter-Sohn-Beziehung hat sich in unseren Forschungen gezeigt, dass Söhne in ihrer Entwicklung enorm profitieren, wenn sie eine liebevolle Mutter haben.

Weit davon entfernt, den Sohn zu verweichlichen, macht mütterliche Zuwendung einen Jungen stärker, sowohl emotional als auch psychologisch. Eine zugewandte Mutter macht den Sohn nicht abhängig. Im Gegenteil, sie ist die sichere Basis, von der aus er sich umso mutiger vorwagt. Dies ist eine Bindung, die ihm ein Leben lang Sicherheit geben kann.«*

In der Adoleszenz macht der Sohn seine ersten Schritte in ganz neue Bereiche der Außenwelt. Er kommt verstärkt in Situationen, in denen er mit fremden Erwachsenen zu tun hat, sich diesen gegenüber behaupten und zu ihnen Beziehungen aufbauen soll. Seine Interaktionen mit dem anderen Geschlecht nehmen einen neuen Charakter an. Zunehmend wird von ihm erwartet, für sich selber und seine Handlungen geradezustehen. Lehrer oder andere Erwachsene, die von ihm etwas wollen oder mit ihm ein Problem haben, wenden sich nicht mehr an die Eltern, sondern halten ihn zunehmend für eigenverantwortlich. Das ist eine notwendige Entwicklung, aber keine leichte. Oft entstehen dadurch Situationen, in denen der junge Mensch im Nachteil ist, weil er weniger Überblick, weniger Erfahrung und weniger Macht hat. Zumindest sollte er sich dann noch darauf verlassen können, zu Hause Rat, Zuspruch und Unterstützung zu bekommen. Doch paradoxerweise wird er gerade dann von seinen erwachsenen Advokaten – in der Praxis in erster Linie die Mutter – entfremdet.

---

* William F. Pollack: *Real Boys*, New York 1998, S. 81 (auch im Folgenden); Deutsch: *Richtige Jungen. Was sie vermissen, was sie brauchen – Ein neues Bild von unseren Söhnen*, Bern, München, Wien 1998

»Mütter erzählen mir, dass sie von vielerlei Seite unter Druck gesetzt werden, zum Sohn auf Distanz zu gehen«, berichtet Pollack weiter. »Ihr Freundeskreis, Lehrer, Trainer, Schwiegereltern, Großeltern und der Vater sind mitunter der Meinung, dass die Mutter sich zurückziehen sollte, um den Sohn nicht zu verweichlichen. Jahrzehnte der psychologischen Forschung beweisen das Gegenteil – je mehr Zuneigung Kinder von ihren Müttern erhalten, desto selbstständiger und mutiger werden sie.«

So wie es in den meisten Familien läuft, ist die Mutter Jahre hindurch die Haupterziehende gewesen. Sogar wenn der Vater beschließt, sich verstärkt für seinen heranwachsenden Sohn zu interessieren, ist sie dennoch diejenige, die ihn und seine ganze Vorgeschichte am besten kennt. Ein Vater, der bewusst erst in der Pubertät auf den Plan treten will, um seinen Sohn nun in die Männlichkeit hineinzuführen, verrät damit bereits eine überholte Wertung, die dem Sohn nichts Gutes verheißt. Tendenziell soll er nun abgehärtet, umgeformt, stark gemacht werden – das Gegenteil von dem, was er brauchen würde, nämlich Akzeptanz und aufbauende Stützung.

Im Lauf unserer vier Forschungsjahre auf diesem Sektor begegneten uns naturgemäß auch etliche Problemfälle. Einer davon war François.

François war – sein Name tut es bereits kund – das Produkt einer heftigen, aber unglücklichen Liaison zwischen seiner Mutter und einem Franzosen. François war der Heiratsgrund, aber die Scheidung vier Jahre später konnte er nicht verhindern. Danach sah er seinen Vater nur noch sporadisch, obwohl dieser in Deutschland und sogar in derselben Stadt blieb und obwohl dieser Vater – Pädagoge und Lehrer – zumindest mental in der Lage war, sich an der Beziehung eines Kindes zu beteiligen. Helen, die Mutter von François, war Sekretärin in einer Künstleragentur und neigte leider zu schlecht gewählten, kurzfristigen Liebesbeziehungen mit den exzentrischen Leuten, die ihre Agentur vertrat. François liebte seine Mutter, fand bei ihr aber wenig Halt, da sie meist sehr von einer neu beginnenden, einer gerade endenden oder einer euphorisch blühenden Liebesgeschichte absorbiert war.

Als wir ihm begegneten, war er 17 und seine Prognose war schlecht. Obwohl seine Lehrer ihn für klug hielten, war er knapp daran, aus dem Gymnasium zu fliegen. Er verbrachte die Nächte in Musikklubs und die Morgenstunden dafür im Bett, er trank und nahm Hasch, er besuchte nur unregelmäßig den Unterricht und war auch dann so müde, dass man ihn als geistig abwesend bezeichnen musste. Er brachte seine Referate zu spät und seine Hausaufgaben gar nicht, und er hatte die Geduld seines Klassenlehrers so weit strapaziert, dass auch dieser mittlerweile nicht mehr bereit war, sich für ihn einzusetzen.

Diesen François fischten wir uns als kleines Experiment aus dem Teenager-Null-Bock-Teich. Kann man einen 17-Jährigen – einen widerborstigen, der stolz ist auf seine Unabhängigkeit – durch Zuwendung zurechtbiegen? François wollte nicht durchfallen, das war unser Kriterium. Er war bereit, bei unserem inhaltlich nicht näher definierten »Experiment« mitzumachen.

Wir stellten einen Plan auf. Das Herz und das Kernstück unseres Plans war der Vater von François. Pädagoge und Lehrer – das fanden wir ideal. Wir nahmen Kontakt auf und lernten Marcel kennen, einen intelligenten, charmanten, nachdenklichen Mann, der sich sorgenvoll unsere Schilderung des akademischen Abgrunds anhörte, über dem sein Sohn schwebte, und uns versicherte, alles in seiner Macht Stehende tun zu wollen, um ihm zu helfen. Wir teilten den Vater dazu ein, seinen Sohn zweimal die Woche zu sehen. Jedes Wochenende sollten sie sich gemeinsam eine Aktivität vornehmen, die eine schulische Relevanz besaß: in eine Ausstellung gehen, über die François ein Referat schreiben konnte, einen ausländischen Film sehen in einer der Fremdsprachen, die François Kummer bereiteten. Während der Woche sollten sie sich ein weiteres Mal sehen, und der Vater sollte das Referat mit François besprechen, es durchsehen und korrigieren, seine französischen Hausaufgaben kontrollieren oder Ähnliches.

Wir fanden dieses Vorgehen sehr hoffnungsfroh, und Marcel war vom Plan angetan. Ein Problem der letzten Jahre, vertraute er uns an, lag in einer gewissen Entfremdung zwischen ihm und François. Wenn er den Jungen sah, ging ihnen irgendwie schnell der Gesprächsstoff aus. Deswegen gefiel ihm unser Plan so gut. Denn nun hätten sie immer einen gemeinsamen Inhalt, etwas zu besprechen. Wir waren hingerissen. Über die trauten Wochenendbesuche in Museen und Galerien würde sich eine kameradschaftliche Freundschaft zwischen Vater und Sohn entwickeln, dachten wir. Auch François war mit diesem Plan einverstanden. Er tat zwar gelassen, aber das glückliche Lächeln, das seinen Mund umspielte, als er hörte, dass sein Vater im Experiment eine tragende Rolle spielen wollte, konnte er nicht verbergen.

Es lief großartig an. Marcel und François sahen gemeinsam einen Film, über den François eine Besprechung schreiben sollte. Danach gingen sie in eine Sushibar und plauderten über Gott und die Welt.

Am zweiten Montag wollten wir von François hören, was sie diesmal unternommen hätten. »Er ist nicht gekommen«, meinte François gespielt lässig, gleichgültig.

Das Intermezzo ersparen wir Ihnen. Unsere vielen geduldigen Gespräche mit seinem Vater. Schließlich unsere resignierte Einsicht, dass Marcel zwar umgänglich und freundlich, vielleicht sogar gutwillig war, aber komplett außerstande, Vereinbarungen einzuhalten und die eigene Bequemlichkeit hintanzustellen. Unsere Versuche, dann eben irgendwelche anderen Männer in das Leben von François zu integrieren – den Onkel, der mit ihm gemeinsam saufend durch die Klubs zog, den hingebungsvollen Nachhilfelehrer, der ihn zu einem intensiven Vorbereitungswochenende vor der großen Russischprüfung einlud und dabei versuchte, ihn zu verführen.

Am Ende war es so: François schaffte das Abitur, und zwar mit ausgezeichneten Noten. Sein Betreuungsteam bestand aus seiner Großmutter, die ihn bei sich einquartierte und über seine Schlafgewohnheiten wachte, unserer Praktikantin, die sich gut mit ihm verstand und stundenlang mit ihm unterhielt, und der Mutter eines Klassenkameraden, die ihn gemeinsam mit dem eigenen Sohn vor wichtigen Prüfungen kasernierte und mit Speisen, Getränken und Streicheleinheiten versah. Sein Erfolg kam erstens, weil er selbst ihn wollte, aber zweitens, weil sein Umfeld ihm eine Struktur vorgab, für die er selber noch nicht die Disziplin hatte. Sein »Frauenteam« hatte keine Sanktionen und auch keine wirkliche Autorität. Wenn die Großmutter schimpfte, die Freundesmutter beide Jungen mit finsterer Miene zum Lernen ermahnte, dann hinderte ihn nichts daran, sie mit ein paar flotten Sprüchen zum Teufel zu schicken. Das tat er nicht, sondern er ließ sich ihre Befehle gefallen, weil er erkannte, dass es für ihn gut war.

Die Autorität der Mütter ist während der Pubertät oft besonders effektiv, gerade weil sie auf den Sohn in seiner sich entfaltenden Männlichkeit nicht bedrohlich wirkt. Er hat weniger Anlass, sich an der Mutter zu messen, weil die gar nicht erst behauptet, größer und stärker zu sein als er. Hinter ihren Befehlen, ihrem Schimpfen, ihrer Autorität steht gar nichts, außer ihrem Wunsch, dass er es gut haben soll. Wenn er an ihre grundsätzliche Gutwilligkeit und an ihre soziale Kompetenz glaubt, dann wird er auf ihre Ratschläge hören.

Die Botschaft, die an jüngeren Kindern lästig abprallt – »Ich will nur dein Bestes« –, kann von einem Adoleszenten beurteilt und, falls sie sich als glaubwürdig erweist, ernst genommen werden. Wir sprechen hier natürlich von Idealtypen.

Väterliche Autorität hingegen ist, wie die Staatsmacht oder das Gesetz, eine Autorität, die abstrakte Regeln vertritt. Mütterliche Autorität ist nicht abstrakt, sondern individuell. Die typische nörgelnde Mutter will, dass der Sohn mehr, weniger oder gesündere Sachen isst, dass er früher schlafen geht, dass er keinen schädlichen Umgang pflegt, dass er nicht raucht, nicht trinkt, sich nicht prügelt. Auch wenn sie von all dem das Gegenteil tun, sind die meisten Adoleszenten allmählich in der Lage zu erkennen, dass diese Vorlagen theoretisch in ihrem besten Interesse wären. Und: Nur in seltenen Fällen ist das Ego der Mutter davon betroffen, ob ihr Sohn ihr »gehorcht« oder nicht. Sie will das Ergebnis, nicht das wohltuende Gefühl, sich durchgesetzt zu haben. Mütterliche Autorität macht es einem Sohn leichter, den Übergang ins Erwachsenenleben zu erzielen, denn als Erwachsener in einer modernen Demokratie beruht sein sozialer Gehorsam auf der Einsicht, dass die Bestimmungen und Gesetze vernünftig sind und in seinem besten Interesse liegen.

Die moderne Allgemeinheit glaubt, dass Jugendliche sich von nichts und niemandem etwas sagen lassen wollen, höchstens von ihresgleichen. Die quasi-moderne Männerbewegung glaubt, dass gegenüber männlichen Jugendlichen Männer auf den Plan treten müssen, und zwar groß und kraftvoll, weil diese Jugendlichen nur auf tiefe Stimmen und Autorität ansprechen. Unsere Erfahrung, die wir am Beispiel von François aufzeigten, deutet in die umgekehrte Richtung.

Junge Männer hören oft leichter auf Frauen, weil die Freiwilligkeit ihrer Kooperation dann offensichtlicher ist und sie ihre männliche Autonomie weniger behaupten müssen. Seufzend und augenrollend, mit einem Beiton gutmütiger Grandezza (na, von mir aus!) fügen sie sich den Anordnungen einer kapriziösen Freundin, einer betulichen Großmutter, einer satirisch-extravagant drohenden Mutter. Auch ein intelligenter Vater, der Humor hat, wird den Heranwachsenden lieber so packen als mit dem Versuch klassischer offener Autorität. Die verlangt bloß nach Auflehnung.

William F. Pollack benennt die klassischen männlichen Sanktionen, die einen Jungen in den alten Kodex hineinpressen: Spott und Beschämung. Was, du traust dich nicht? Stell dich nicht so an! Diese primitive Pädagogik ist leider noch nicht ausgestorben und hat ihre schädliche Wirkung keineswegs verloren.

Wenn Söhne intakter aufwachsen sollen, dürfen Mütter sich nicht zurückziehen, sondern müssen vortreten und dezidiert für diese Söhne einstehen. Dieser Einsatz ist an den drei Orten geboten, an denen die meisten jungen Männer ihre Angriffe erleiden: im Kreis der Gleichaltrigen, in der Schule und – leider – zu Hause, wo manche Väter routinemäßig mit Spott und Beschämung ganz besonders gegen ihre Söhne vorgehen. Hier dürfen Mütter auf gar keinen Fall zurückweichen.

Gegenüber der Clique hilft Zuhören, gemeinsames Überdenken von Strategien, im Ernstfall eine Intervention wie Schulwechsel. Im Normalfall aber helfen Sie einem Sohn, der mit dem ewigmenschlichen Drama des Akzeptiertwerdens ringt, durch Stützung und Akzeptanz.

Eine unserer Interviewpartnerinnen beschrieb das so:

»Marco (ihr 15-Jähriger) hat mir einmal eine Frage gestellt, die mich irgendwie verwirrt zurückgelassen hat. Er hat gesagt, Mama, warum kann ich nicht cool werden. Natürlich haben wir dann ausführlich darüber geredet, aber es hat mich trotzdem sehr berührt. In dieser Phase der Pubertät brauchen die Kinder Sicherheit, und das versuche ich Marco zu geben. Das, was er draußen nicht bekommt, versuche ich ihm zu Hause zu geben, nämlich das Gefühl, 100-prozentig angenommen zu werden.«

Die Rolle von Männern in der Erziehung von Söhnen ist umstritten. In Familien ist diese Diskussion ohnehin bloß theoretisch; de facto sind viele Väter wenig präsent. In Diskussionen wird meist angenommen, dass sie wichtig sind, beziehungsweise dass sie wichtig wären, theoretisch, wenn man sie bloß irgendwie besser motivieren könnte.

Die folgenden Sätze würden breite Zustimmung finden:

Jungen brauchen männliche Rollenmodelle. Das gilt ganz besonders in der Pubertät. Sie brauchen dann eine feste männliche Hand, weil ein Mann mit einem männlichen Heranwachsenden eher fertig wird. Es ist bedauerlich, dass es nicht mehr Väter und männliche Lehrer gibt, die männliche Jugendliche in ihre Geschlechtsrolle einführen und sie unter Kontrolle behalten.

Aber prüfen wir zuerst einmal diese Annahmen.

Einer der führenden aktuellen Experten im Bereich der männlichen Adoleszenz ist Eli H. Newberger. Er ist ein zutiefst »vaterfreundlicher« Autor, nicht etwa jemand, der die Ehe oder die Kleinfamilie grundsätzlich überholt findet. Seiner Meinung nach wäre es positiv, wenn Väter und andere väterliche Männer umfassend in das Leben ihrer Familien involviert wären. Es betrübt ihn sehr, in seiner klinischen Praxis und in seiner Forschung so oft auf gleichgültige, auf unverantwortliche und sogar auf destruktive Väter zu stoßen.

Was also braucht ein heranwachsender junger Mann? Braucht er, wie es im gängigen Klischee heißt, wirklich eine »feste Hand«? Was ist das überhaupt, eine feste Hand, eine feste Führung? Und wenn suggeriert wird, dass ein Mann so etwas besser liefern könnte als eine Frau, ein Vater besser als eine Mutter, an welche Art von Führung denken wir dann? Was hat ein Mann, was hat ein Vater, was eine Frau und Mutter nicht hat? Ist es die körperliche Kraft, die hier gefordert wird? Muss der Sohn im Notfall zu Boden gerungen werden? Muss er überwältigt werden?

Diese Fragen sind auf mehreren Ebenen interessant. Beginnen wir mit der oberflächlichsten. Sehen wir uns den durchschnittlichen 16- oder 17-Jährigen an und stellen wir ihn gedanklich seinem durchschnittlichen 40- bis 50-jährigen Vater gegenüber. Der Sohn ist in der Fußballmannschaft oder im Basketballteam, der Vater sitzt seit 20 Jahren auf einem Bürostuhl. Ist der Vater in der Lage, einen eventuellen Ringkampf mit einem jugendlichen, energiegeladenen Widersacher zu seinen Gunsten zu entscheiden? Wir persönlich würden ein gesamtgesellschaftliches Erziehungskonzept lieber nicht vom Ausgang eines solchen Wettstreits abhängig machen.

Was uns gleich zur nächsten Fragestellung bringt. Ist körperliche Kraft eine notwendige Komponente in der Erziehung von Jugendlichen?

Es gibt Erziehungssituationen, die nur durch eine körperliche Überwältigung des Kindes zu meistern sind. Ein 2-Jähriger etwa, der im Begriff ist, auf die Straße zu laufen, muss schnellstens am Kragen gepackt und zurückgerissen werden. Auch alle weiteren Beispiele, die uns hier einfallen würden, betreffen die Altersgruppe der Vorschulkinder. Ziel der Erziehung ist es, dass Kinder Selbstbeherrschung lernen, dass sie Empathie für andere entwickeln und dass sie die gängigen Verhaltensregeln verinnerlichen. Ein Adoleszenter ist fast ein Erwachsener. Seine Aufgabe ist es, bereits erworbene seelische und soziale Fertigkeiten auf die neuen Lebenssituationen, die ihn als Erwachsenen erwarten, anzuwenden. Im Idealfall sollte das stattfinden durch eigenständige erste Versuche, die von wohlwollenden Erwachsenen beobachtet und gestützt werden. Welche Rolle die Muskelkraft dieser Erwachsenen hierbei zu spielen hätte, ist uns rätselhaft.

Es kann also nicht ernsthaft die Körperkraft des Vaters sein, die ihm eine besondere Rolle in der Erziehung eines adoleszenten Sohnes gewährt. Vielleicht ist es seine besondere Expertise in männlichen Lebensbelangen, die ihn hier wertvoll macht?

Welche Art von Expertise, welche Lebensbelange könnten das sein? Nicht die Berufswelt, die ist ja mittlerweile das Terrain beider Geschlechter. Es gibt wenige Berufe, in denen Männer unter Ausschluss von Frauen gemeinsam männlichen Tätigkeiten nachgehen – die deutsche Bundeswehr ist die letzte solche Einrichtung, die uns überhaupt als Beispiel einfällt, und die steht deswegen vor dem Europäischen Gerichtshof.

Vielleicht sind Männer gefragt als Auskunfts- und Ratgeber für geschlechtsspezifische Lebenssituationen, insbesonders also für heterosexuelle Belange? Wie spricht man Mädchen an, wie ist es, verliebt zu sein? Der ganze Komplex des Zwischengeschlechtlichen aus männlicher Perspektive könnte für junge Männer sicherlich interessant sein. Voraussetzung ist, gerade bei so intimen Dingen, die so dicht dran liegen am Selbstvertrauen und am Selbstbild eines jungen Menschen, dass ein Vertrauensverhältnis existiert und dass der erwachsene Ratgeber Glaubwürdigkeit besitzt. Die bloße Geschlechtszugehörigkeit allein qualifiziert den Mann noch nicht zum Experten. Und was die weiterführenden Qualifikationen anbelangt, sieht es – wenn wir die einschlägigen sozialwissenschaftlichen Studien betrachten – im Schnitt nicht so toll aus.

● Die häufigste gemeinsame Beschäftigung von Vätern und Söhnen ist das Fernsehen.

● Väter reden mit ihren Söhnen nicht über Gefühle oder über Beziehungen. Sie sprechen über schulische Leistungen, berufliche Pläne und Sport.

● Konkrete Pläne, sowohl kurzfristiger wie langfristiger Natur, werden sowohl von Söhnen als auch von Töchtern eher mit Müttern als mit Vätern ausgehandelt.

● Väter verstricken sich eher als Mütter in einen Machtkampf mit dem heranwachsenden Sohn. Dabei geht es nicht um erzieherische Inhalte, sondern um das Prinzip der Dominanz. Mütter lassen eher los.

● Wo Väter autoritär und kontrollierend auftreten, entwickeln ihre Söhne eine schwächere männliche Identität und werden passiv. Eine positive Geschlechtsidentität und soziale Entwicklung entstehen dann, wenn das Kind schrittweise seine Selbstständigkeit behaupten darf.

● Die sexuelle Orientierung junger Männer zeigt keinerlei Korrelation entweder zur An- oder Abwesenheit eines Vaters oder zu dessen eigener sexueller Orientierung. Im Klartext: Schwule Väter oder abwesende Väter haben genauso oft oder selten einen homosexuellen Sohn wie der Rest der Bevölkerung.

● Laut Einschätzung männlicher Jugendlicher vertrauen sie sich in persönlichen Fragen eher ihren Müttern als ihren Vätern an und haben zu ihren Müttern eine innigere Beziehung als zu ihren Vätern.*

Warum ist das relevant? Nicht, weil wir uns hier in irgendeinen komischen Wettbewerb einlassen wollen, Mütter gegen Väter, in einer Art transzendentalem Sorgerechtskonflikt um den abstrakten Teenager. Sondern aus zwei anderen Gründen. Weil es erstens sehr schädlich wäre, wenn die tatsächlichen Erziehenden, die ihre Sache tendenziell gar nicht so schlecht machen, sich infolge einer völlig bodenlosen ideologisierten Diskussion zurückziehen würden: Gemeint sind die Mütter. Und weil zweitens diejenigen interessierten Anwärter, die gerne mitmachen wollen, unbedingt in die Erziehung einsteigen sollten, aber unter richtigen und realistischen Voraussetzungen: Wir meinen die Väter.

─────────────

* Diese Zusammenfassung sozialwissenschaftlicher Studien aus dem Bereich der Adoleszenz übernehmen wir von Eli H. Newberger: *The Men They Will Become. The Nature and Nurture of Male Character,* New York 1999, S. 211 ff. Siehe auch R. Larson, M. Richards: *Divergent Lives. The Emotional Lives of Mothers, Fathers and Adolescents*, New York 1994; C.A. Hosley, R. Montemayor: *The Role of the Father in Child Development*, New York 1997; E.E. Maccoby: »Men and Women as Parents«, in E.E: Maccoby: *The Two Sexes, Growing Up Apart, Coming Together*, Cambridge 1998; J.G. Dryfoos: *Safe Passage. Making It Through Adolescence in a Risky Society*, New York 1998; R. Weissberg u.a.: *Healthy Children 2010*, Thousand Oaks 1997.

Viele Mütter – vor allem allein erziehende – plagen sich mit einem oder mehreren Gedanken aus dem folgenden Ideenkomplex:

Mein Sohn ist jetzt 16 (oder 14, 15 oder 17) und ich bin für ihn nicht mehr die richtige Ansprechpartnerin.

Wenn er auf die schiefe Bahn gerät, kann ich nichts dagegen unternehmen, denn er wird jetzt sowieso nicht mehr auf mich hören.

Ich muss mich von ihm zurückziehen, damit er kein Muttersöhnchen wird, sondern sich maskulin entfalten kann.

Eigentlich bräuchte er jetzt einen Mann, und ich habe in meiner Pflicht versagt, weil ich ihm keinen Vater oder Vaterersatz bieten kann.

Diese Gedanken sind in den meisten Fällen falsch. Empirisch gesprochen trifft eher Folgendes zu:

● Söhne sprechen sich gerne mit ihren Müttern aus.
● Noch mit 17, 18 und 19 Jahren suchen Jugendliche das Gefühl, von einem besorgten Elternteil oder sonstigen wohlmeinenden Erwachsenen behütet und begleitet zu werden. Wenn es keine Verwandten gibt, können manche Jugendliche eine persönliche Beziehung zu einer Lehrperson oder sonstigen älteren Person aufbauen. Selbstständigkeit und Anlehnung sind die zwei dialektischen Standbeine des Erwachsenwerdens.
● Söhne und Mütter haben eine in vieler Hinsicht weniger belastete Beziehung als Söhne und Väter. Gerade weil der Sohn sich durch sein anderes Geschlecht und durch seine Überlegenheit in irgendeinem Sektor (vielleicht ist er größer als die Mutter, stärker, kann Autos reparieren, ist gelassener oder hat sonst irgendeinen Bonus ihr gegenüber) von ihr nicht noch zusätzlich abgrenzen und mit ihr auch keine männlichen Hierarchisierungsrituale durchziehen muss, fällt viel Konfliktstoff von vornherein aus.

- Söhne und Mütter, und generell die Kinder Alleinerziehender und deren Mütter, haben oft eine merklich egalitärere Beziehung als Erwachsene und Kinder in einer klassischen Familie. Das vereinfacht die Gesprächsbasis.

Erschöpfte Alleinerzieherinnen oder überlastete Mütter, deren Partner sich aus der Kinderversorgung losgesagt haben, träumen von einer gemeinsamen Elternschaft. Wie wohltuend wäre es, diese Bürde nicht alleine tragen zu müssen, wie entspannend, anstehende Entscheidungen mit einem zweiten Elternteil zu diskutieren. Attraktiv ist sogar der Gedanke, in manchen Situationen das Handtuch werfen und widerspenstig-aufsässigen Kindern mit einem grimmigen Vater, der jetzt gleich heimkommen und Krawall machen wird, drohen zu können.

Es gibt Elternpaare oder geglückte Eltern-Stiefeltern-Kombinationen nach zweiten Eheschließungen, die im kooperativen Tandem erziehen. Doch das ist leider nicht die Regel. In unseren Interviews und Befragungen hörten wir öfter eines der folgenden Szenarien:

- Die Eltern sind sich nicht einig, sondern schicken entgegengesetzte Botschaften an die Kinder. Das Resultat: Streit und Chaos in der Familie, die Kinder spielen die Eltern gegeneinander aus.
- Die Mutter ist die Haupterziehende, während der Vater sich zu Assistenzleistungen überreden lässt. Je nachdem, ob er ein moderner, aufgeschlossener Mensch ist oder ein Traditionalist, werden diese Assistenzleistungen locker und entgegenkommend eingebracht oder müssen mit unendlichem Taktgefühl und viel Anerkennung aus ihm herausgekitzelt werden. Letzteres ist mitunter mühsamer, als wenn die Frau gleich alles alleine macht.
- Der väterliche Einsatz unterliegt enormen Schwankungen. Der Vater ist zum Beispiel über lange Strecken total abwe-

send, um sich plötzlich nicht nur zu interessieren, sondern dann auch gleich die Führungsrolle zu beanspruchen. Die Mutter setzt in mühsamer Kleinarbeit irgendein Erziehungsziel, dann kommt Papa hereinspaziert und gibt die gegenteilige Parole kund, in der Erwartung, dass sein Wort gilt.

In der Summe hat die aktuelle Vaterschaft vor allem zwei problematische Seiten.

Erstens: Sie ist ein Titel ohne Qualifikation.

Gerade in gentechnischen Zeiten sollte es uns leichter fallen, biologische Elternschaft von inhaltlicher Elternschaft zu unterscheiden. Genspender sind noch keine Eltern. Fast keine soziale oder politische Situation ist gefährlicher, als wenn eine Person Autorität beansprucht, ohne sie durch Leistung verdient zu haben. Machen wir, um dieses Prinzip besser zu verstehen, einen kurzen Ausflug in einen ganz anderen Bereich, in das Flugwesen: Flugunfälle passieren dort besonders oft, wo der Pilot einen Fehler macht, der Kopilot sich aber aus Angst vor seinem Zorn oder aus übermäßigem Respekt für einen Vorgesetzten nicht traut, ihn darauf aufmerksam zu machen, und schon gar nicht, auf dem Fehler zu beharren, falls der Vorgesetzte die Kritik zunächst abweist. Die schrecklichsten verhinderbaren Abstürze geschehen bei asiatischen Fluglinien, wo es ein autoritäres Höflichkeitsdenken den Untergebenen fast unmöglich macht, ihren Vorgesetzten zu widersprechen.

Beim typischen durchschnittlichen Elternpaar ist die Frau die Expertin. Sie ist es, die Bücher und Zeitschriftenartikel liest, die sich mit älteren Verwandten und mit anderen Müttern bespricht, die zum Kinderarzt oder zur Kinderärztin geht, die den Elternabend besucht, die viel mehr Zeit mit dem Kind verbringt.

Nachwirkende soziale Werte und Gewohnheiten aber verlangen, dass sich in der Beziehung tendenziell der Mann als Pilot, die Frau als Kopilotin verhalten sollte. Das ist eine gefährliche Situation. Wir haben damit ein Team, in dem der Vorgesetzte weniger weiß als die Mitarbeiter, die Mitarbeiter mehr Erfahrung und mehr Expertise haben als der »Chef«. Zugeben, dass die Frau mehr weiß und sich besser auskennt? Ihre Anweisungen befolgen? Sich von ihr Anleitungen holen und Dinge sagen lassen? Rar sind auch heute noch die Männer, die das fertig bringen, und erschreckend rar die Frauen, die in entspannter Selbstverständlichkeit zu ihrer Expertise stehen.

»Schatzi, ich glaube, du solltest vielleicht ...« Mit einer solchen Einleitung vermittelt die Frau bereits, dass sie eine eigentlich gar nicht statthafte Übertretung ihrer untergeordneten Rolle vornehmen möchte. Natürlich weiß sie, dass sie sich besser auskennt mit der Kinderbetreuung. Lieber aber tut sie zunächst so, als ob sie bloß an der Seite ihres hoch qualifizierten Piloten mitfliegen würde. Innerlich ärgert sie das, oder sie macht sich Sorgen, ob er es wirklich schaffen wird. Meist dauert es nicht lange, bis er einen Fehler macht. Die resultierenden Szenen müssen wir Ihnen bestimmt nicht beschreiben. Vom taktvoll-diskreten Hinweis bis zum hysterischen Vorwurf reicht die Bandbreite der weiblichen Interventionen, je nachdem, wie gravierend der Fehler ihres Piloten und wie gut oder schlecht ihre generelle Beziehung zueinander ist.

Der Kern des Problems liegt ohnehin anderswo: im Statusgefälle zwischen Männern und Frauen, das ihnen nicht erlaubt, sachlich und offen über Situationen und Vorfälle zu reden, und das der Frau nicht ermöglicht, einen Mann zu instruieren und zu korrigieren, ohne gleich ungewollt sein ganzes Ego in Frage zu stellen.

Zweitens: Der Vater gilt als Vollstrecker
des Männlichkeitskodex.
Für viele Väter ist es eine tückische Situation. Sie begreifen sich mehr oder weniger als Erziehungsmitläufer, aber mit dem Auftrag, ihren Söhnen ein »männliches Rollenmodell« zu sein. Was

heißt das? Die meisten Männer lesen keine Erziehungsbücher; schon gar nicht sind sie auf dem Laufenden, was die aktuelle Geschlechtsrollendiskussion betrifft. Was also soll ihnen einfallen zum Stichwort männliches Rollenmodell? Sicher nichts Innovatives. Der durchschnittliche Vater versteht unter diesem Auftrag, dass er hin und wieder, wenn ihm irgendeine Übertretung des üblichen Geschlechterverhaltens auffällt, mit gerunzelter Stirn darauf hinweisen soll, dass dies oder das »nichts ist für einen Jungen«. Eine solche Intervention ist schlechter, als wenn er sich überhaupt gänzlich heraushalten würde.

Am Busen
der Feministin

Kann eine Frau einen Mann »erziehen«? In gewisser Hinsicht kann sie es sogar besser als ein Mann, und zwar aus folgenden Gründen:

- Frauen haben keine gestörte, verwirrende männliche Erziehung erlebt, die sie jetzt auf einen Sohn projizieren.
- Sie sehen ihren Sohn als Individuum.
- Sie wissen aus der Beobachtung erwachsener Männer, wo deren Probleme und Defizite liegen.
- Sie wissen als Frauen, wie sie sich einen partnerschaftlichen und familienfähigen Mann vorstellen würden.

Früher – und wir sprechen hier von VIEL früher – konnten Frauen keine Männer erziehen, weil Frauen die Fertigkeiten nicht besaßen, die ein Mann brauchte, um ein Männerleben zu führen. Bogenschießen, Reiten, Wale erlegen, diese Talente musste ein junger Mann von den anderen Männern lernen.

Heute gibt es eine differenzierte Berufswelt. Man erwirbt die nötigen Fähigkeiten nicht, indem man sich an irgendeinen x-beliebigen erwachsenen Mann hängt. Man studiert, geht in eine Lehre oder macht eine Ausbildung, und das Geschlecht spielt dabei keine Rolle.

Dann gibt es noch die soziale Welt. Um in dieser Welt zurechtzukommen, braucht man zwischenmenschliche Kompetenzen. Man muss sich mit Nachbarn, Freunden, MitarbeiterInnen verständigen. Viele Menschen scheitern heute an ihrem Familienleben. Sie können ihre Ehe und ihre Familie nicht halten. Wie man mit einer Frau und mit Kindern besser zusammenlebt, werden junge Männer in der Regel nicht von den erwachsenen Männern lernen. Viele Frauen haben ein gesundes, kreatives Erziehungskonzept für Söhne.

Immer wieder konnten wir in Interviews mit Lehrerinnen und mit Müttern sehen, dass Frauen sich auf der richtigen Spur befanden und dass von patriarchaler Seite quer geschossen wurde. Sehen wir uns das im Folgenden anhand von zwei Beispielen an.

Gabriele ist 57. Sie lebt in München, arbeitet als Dolmetscherin, ist mit einem Angestellten verheiratet und hat einen adoptierten zwölfjährigen Sohn. Wenn sie spricht, hat sie einen leicht ironischen Unterton, den wir uns beim Lesen dazudenken müssen.

»Nino ist eher schüchtern, aber sehr clever. Er lernt sehr gut und hat auch einen guten Stand in der Klassengemeinschaft, weil er gut Witze erzählen kann. Damit hat er eine Nische gefunden und sich beliebt gemacht. Es sind nicht immer die anständigsten Witze, aber o.k., die müssen ein bisschen wild auftreten, die Jungs, sonst werden sie nicht anerkannt. Was mir sehr auffällt, ist, dass er anfängt, nach außen eine Maske zu tragen. Ich weiß, in ihm kocht es und er ist von Unsicherheiten zerrissen, aber er gibt sich total zu und recht abweisend. Sein Vater ist genauso, nur hat der die Unsicherheit schon abgestreift. Bei dem ist nur noch die Maske übrig geblieben. Und das Interessante ist, dass mein Sohn adoptiert ist, da kann also nichts Genetisches im Spiel sein. Mir zeigt das also, wohin das führt, wenn man Jungs einfach so heranwachsen lässt, ohne an entscheidenden Punkten einzugreifen. Man muss meiner Meinung nach immer wieder unermüdlich vortragen, dass es wichtig ist zu fragen, wie es den anderen Menschen geht, wenn auch nur rein übungshalber. Um zu lernen, die gefühlsmäßige Existenz seiner Bezugspersonen wahrzunehmen. Das sehe ich als die Hauptaufgabe in der Erziehung eines Teenagers.

Mein Mann ist oft geschockt über die Beziehung, die ich mit unserem Sohn pflege. Die Intensität und Wärme zwischen uns sind ihm nicht geheuer. Er zweifelt daran, dass ich in der Lage bin, einen stahlharten Kerl aus ihm zu machen. Das hat er auch schon mal so formuliert. Er hat gesagt, die Welt ist ein Abgrund. Um da nicht unterzugehen, braucht man Panzerqualität. Das sagt er heute nicht mehr, weil diese Philosophie bei mir nicht gut angekommen ist. Ich habe ihm ganz deutlich zu verstehen gegeben, dass ich ihm nicht erlauben werde, über den Nino so drüberzuwalzen, dass von ihm nichts mehr übrig bleibt.

Mein Mann hat aber wenig Zeit oder er nimmt sich wenig Zeit, um mit dem Jungen zu sein. Daher geschieht ohnehin alles in meinem Sinne.

Ein wichtiger Punkt für mich ist die Abendzeit, wenn Nino im Bett ist. Das ist die Chance, mit ihm zu reden, da ist er weich und offen, er hat noch sein altes Stofftier bei sich, ich setze mich neben ihn und wir reden, reden, reden. Er erzählt mir viel über die Schule, die Freunde, kleine Kränkungen, die er erlebt hat, wenn man ihn übersehen oder angeschnauzt hat.

Ich verteidige manchmal seinen Vater, wenn der Nino eine abfällige Bemerkung über ihn macht. Ich versuche ihm kindgerecht zu erklären, dass Väter oftmals etwas nicht geben können, was sie selber nicht bekommen haben. Ich habe meinen Bekanntenkreis sehr sorgfältig daraufhin beobachtet. Die meisten Männer, die gute Väter sind, die sind das überhaupt nicht von sich aus, sondern durch den ständigen Druck, dem sie durch ihre Frauen ausgesetzt sind. Diesen Druck übe auch ich aus, und dazu stehe ich.

Die Seele meines Mannes wurde in der Kindheit zerstört, bei ihm kann ich keine Defizite mehr auffüllen. Aber ich kann aus seinem Leben lernen, was falsch gelaufen ist, und dann versuchen, bei Nino anders zu handeln. Und ich kann darauf bestehen, dass er seinen Vaterpflichten nachkommt. Ich passe zum Beispiel auf, dass er kein Tennismatch versäumt, weil Nino liebt es, mit seinem Vater Tennis zu spielen. Ich wache mit Argusaugen über diese Termine.

Bestimmte Dinge bespricht der Nino lieber mit mir, zum Beispiel fragte er mich kürzlich, wie das genau ist, wenn man verliebt ist, und wie man es anstellt, dass die Mädchen einen bemerken. Wie kann er einen guten Eindruck machen? Ich hab ihn ermuntert, darüber zu sprechen, wie die Mädels in seiner Schule sind, ich hab das mit mir und meinen Schulfreundinnen von seinerzeit verglichen, und plötzlich waren wir mitten in einer sehr intensiven Diskussion über Mädchen und Jungen und die gegenseitigen Erwartungen. Ich habe dann aber gesagt, du sollst unbedingt auch mit deinem Papa darüber reden, der kann dir die Jungensicht erklären. Das Gespräch hat allerdings noch nicht stattgefunden, ich muss wohl noch ran an die Vorbereitung und Ermunterung, wenn es jemals laufen soll. Aber ich bin entschlossen dazu. Der Nino soll nicht sagen, er hätte nie in seinem Leben ein persönliches Gespräch mit seinem Vater geführt.

Sicher, man kann mir vorwerfen, dass ich die Realität damit beschönige. Aber ich will, dass sich der Nino in Beziehungen einmal wohler fühlt als sein Vater. Und dazu gehört, dass die beiden auf eine gemeinsame Gefühlsschiene befördert werden, zumindest ein bisschen.

In Gesprächen mit Kindern bin ich für totale Offenheit. Ich dreh auch nicht durch, wenn der Nino und seine Freunde in meiner Anwesenheit Kraftausdrücke verwenden, denn ich will nicht, dass sie sich übermäßig zurücknehmen. Auch über Sexualität reden wir offen. Ich hab dem Nino ganz klar gesagt, Sex ist toll und in deinem Alter denkt man viel daran, wie es mal sein wird, aber lass dir Zeit, zumindest bis du 16 bist, weil vorher hast du nichts davon.

Ich sehe starke Parallelen im Fehlverhalten von erwachsenen Männern und von Söhnen in der Pubertät. Die Söhne fangen in diesem Alter damit an, ihre Gefühle abzuschalten und ihr Zuhause nur noch als Dienstleistungsapparat zu betrachten, als bequemes Nest, in dem man emotional und geistig aber gar nicht präsent ist. Bei Teenagern können wir aber entschlossen einen letzten Anlauf nehmen, um sie nachzuerziehen, und bei den erwachsenen Männern ist es dafür zu spät.«

Bevor wir diese Sichtweise inhaltlich studieren, hören wir noch unsere zweite Gesprächspartnerin, Yvonne:

»Meine Söhne sind sechs und zwölf. Wir haben ein sehr gutes und kameradschaftliches Verhältnis. Ich bin seit ihrer Geburt durchgängig berufstätig, als Freiberuflerin konnte ich mir keine Karenz leisten. In meiner Sparte warten sie nicht auf dich. Wir haben Lösungen improvisiert mit Au-pair-Mädchen und Tanten und Omis, mein Mann hat auch geholfen, aber er war immer viel unterwegs mit seinem Beruf. Ich war also immer der Pfeiler der ganzen Veranstaltung.

Meine Kinder haben mich sicher immer als tüchtige Frau erlebt. Ich bin aber grundsätzlich immer zur Verfügung, ich versuche abends immer da zu sein, wir reden viel, wir spielen miteinander, ich habe einen guten Draht zu ihnen.

Beide sind sanfte, zurückhaltende Buben, nicht klassische Draufgänger. Sie sind nicht so sehr auf Sport. Und ich bin kein Fußballfan, sondern nehme sie lieber in Ausstellungen mit. Ich mag kreative Sachen. Der Jüngere macht mit mir gerade einen Töpferkurs. Der Ältere spielt Bratsche, er liebt dieses Instrument. Und da geht's bereits los. Mein Mann macht mir Vorwürfe, dass ich die Jungen unmännlich erziehe. Er findet, Töpfern und Bratschespielen wären eben nicht der Inbegriff von Männlichkeit. Wir hatten deswegen schon Riesenstreit, weil ich gespürt habe, dass er mit den Jungen unzufrieden ist, dass ihre Entwicklung nicht seinen Vorstellungen entspricht. Damit kritisiert er ja auch ganz klar meinen Erziehungsstil oder, besser, mein Erziehungsziel. Er hat mich tatsächlich gefragt, ob ich Schwächlinge und Waschlappen erziehen will, die nichts darstellen im Leben. Dabei ist mein Mann auch nicht gerade der typische Macho, er ist vom Typ her eher zurückhaltend. Das habe ich ihm auch gesagt, er hat gemeint: ›Genau deswegen will ich, dass meine Söhne anders werden, nämlich durchschlagskräftiger.‹

Ich bin manchmal doch unsicher, was ich tun soll, ich sehe ja, dass Moritz und Gregor eine andere Persönlichkeit haben. Sie sind nun mal auf der schüchternen Seite. Ich will sie dafür nicht kritisieren und ich will sie auch nicht umpolen. Ich bin oft wirklich ratlos, denn ich will ihnen ja nicht schaden. Ich habe lange über seine Kritik nachgedacht, ich habe mir überlegt, ob sie es zum Beispiel in der Schule schwerer haben vom Sozialen oder so. Aber ich glaube nicht, dass das der Fall ist. Es gibt natürlich jede Menge Rowdys, aber ich habe den beiden von klein auf gesagt, was ich von solchen Aggressionen halte und dass auch Mitläufertum nicht akzeptabel ist. Dafür gab es bei mir immer ein klares Vokabular. Das hat mein Mann immer ein bisschen unterlaufen, übrigens. Er hat dann meistens gesagt: ›Zurückhauen schadet nichts.‹ Aber ich habe gewusst, dass die beiden sowieso keine Raufbolde sind. Mein Mann ist mit seinen typischen Sprüchen gekommen: ›Lasst euch nix gefallen, ein richtiger Junge wehrt sich, zeig, dass mit dir nicht zu spaßen ist, Respekt muss man sich erkämpfen, wenn nötig, mit den Fäusten.‹ Ich hab ihn dann meist reden lassen, ich wollte nicht vor den Kindern mit ihm streiten. Vielleicht war ich meiner Sache auch nicht so sicher.

Was mich aber beunruhigt, ist, dass er den Jungs vermittelt, mit ihnen nicht einverstanden zu sein und sie nicht gut zu finden, so wie sie sind. Das ist doch sehr kränkend.

Leider sind manche Lehrer auch keine Hilfe, im Gegenteil. Dem Gregor wurde in der Schulgarderobe eine Saite seiner Bratsche durchgeschnitten. Das war ein richtiger Schnitt, sie war nicht gerissen, und der Kasten war eingetreten, ein klarer Akt von Vandalismus. Er hat den Vorfall dem Klassenlehrer gemeldet, keine Reaktion. Ein paar Tage zuvor hatte einer seiner Freunde das Skateboard in der Garderobe liegen lassen, und es war mit Farbe verschmiert und total zerkratzt. Der Lehrer hat einen Wirbel geschlagen, es gab Verhöre und der Täter hat sich dann halb freiwillig gemeldet, weil er sowieso schon verdächtigt wurde, und er musste das Skateboard dann säubern und mit irgendwelchen Spezialstreifen wieder herrichten. Ich bin dann in die Schule gegangen und habe gefragt, warum beim Skateboardvorfall so viel Druck gemacht wurde und ob man nicht auch den Vorfall mit dem Musikinstrument aufklären möchte. Die Antwort des Klassenlehrers: Ja, er wird schauen, aber viel Hoffnung hat er nicht. Denn mit dem Skateboardvorfall konnten sich die Jungens alle identifizieren und da hätten sie mitgearbeitet an der Aufdeckung, da hatten sie Sympathie gehabt, weil sie alle auf Skateboards sparen und sich vorstellen können, was die Zerstörung eines solchen Skateboards dann für einen Jungen bedeutet. Ich war irgendwie fertig nach diesem Gespräch. Vielleicht hat mein Mann Recht und ich habe auf die falschen Dinge gesetzt. Skateboard statt Musik scheint besser anzukommen.

Der Moritz ist ein Schmusekater, das ist in seinem Alter sozial auch noch o.k. Der Gregor wäre es im Grunde auch, aber er beginnt sich schrittweise zurückzunehmen, das finde ich richtig. Die steuern das ohnehin selber, wie ich beobachte. Wenn er zum Beispiel abends manchmal noch kuscheln kommt, bringt er jetzt immer seine eigene Decke mit, in die er sich dann einrollt. Ich sehe nichts Negatives in dieser Form von Zuwendung. Als Mutter wird man misstrauisch beäugt, wenn man ein gutes Verhältnis zu seinen Söhnen hat. Steckt da nicht vielleicht auch männliche Eifersucht dahinter, wenn manche von ihnen es nicht schaffen, zu ihren Söhnen diese Nähe herzustellen?

Ich hab nie gezielt in die Richtung gearbeitet, dass meine Jungs mit Puppen spielen sollen oder dass sie im Kindergarten bloß nicht mit irgendwelchen Panzern oder anderen martialischen Sachen in Berührung kommen. Ich habe aber ab dem Alter von fünf sehr darauf geachtet, dass sie zu Hause selbstständig werden, dass sie kleinere Sachen übernehmen. Jeder ist selbstverständlich für sein Zimmer zuständig mit Bettenmachen, 14-tägig überziehen etc. Da führt kein Weg herum, auch nicht, wenn sie murren, da bin ich konsequent. Je kleiner sie sind, desto leichter geht es mit der Mitarbeit.

Manches tun sie gerne. Der Gregor geht gern zum Markt, beide kochen gerne. Moritz liebt es, Kuchen zu backen mit viel Obst und Gelee drauf, und der Gregor kann schon ganze Menüs zusammenstellen. Das finde ich richtig gut und sehr kreativ. Sogar mein Mann, der gerne gut isst, aber nie einen Kochlöffel in die Hand nimmt, kann nicht umhin, den Gregor zu loben.

Ich finde die Schuldzuschiebungen zwischen Eltern sehr unangenehm, mein Mann macht mir mehr oder weniger offen zum Vorwurf, dass ich die Jungs zu weich und lebensuntüchtig erziehe, und ich werfe ihm vor, dass er viel weniger partnerschaftlich ist als seine kleinen Söhne. Er behauptet immer, er sei ausgepumpt, und dann schmeißt er sich nach ein paar Alibihandlungen auf die Couch und dreht die Nachrichten auf. Sosehr ich ihn immer noch mag, aber in gewisser Hinsicht halte ich es für gut, dass er unter der Woche so oft verreist ist. Das, was er bei den Jungs als weich und lebensuntüchtig anprangert, ist in Wirklichkeit doch das, was ihnen einmal das Leben leichter machen wird. Und das soll er nicht kaputtmachen.«

Gabriele und Yvonne leben in verschiedenen Städten, sind vom Charakter und vom Lebensstil her recht verschieden, teilen aber in wesentlichen Punkten eine sehr ähnliche Weltsicht und ähnliche Strategien. Dazu gehören vor allem drei Erziehungsziele: Sie wünschen sich für ihre Söhne, dass diese ihre Persönlichkeit behalten dürfen. Sie wollen, dass diese Söhne ein Leben lang weich und menschlich zugänglich bleiben. Und sie möchten beziehungsfähige, abgerundete Männer aus ihnen machen.

Diese zwei Mütter stehen hier stellvertretend für viele Frauen mit ähnlichen Zielen, die wir im Laufe der letzten vier Jahre kennen gelernt haben. Wir können es fast als eine eigene Denkrichtung oder Schule betrachten, die sich da ganz informell und international herausgebildet hat, weil Tausende von Frauen nachgedacht haben und zu ähnlichen Ergebnissen gekommen sind.

Die Anhängerinnen dieser Richtung erzählten alle ähnliche Geschichten. Fast immer kamen sie aus zwei Gründen in Konflikt mit den Vätern ihrer Söhne: Der Vater bezog sich auf geschlechtsstereotype Klischees und machte den Sohn nieder dafür, dass er diesem Klischee nicht entsprach, und der Vater war unzuverlässig in seinen Versprechungen, desinteressiert und wenig oder gar nicht engagiert.

Manche Väter intervenierten in die Erziehung, wenn sie das Gefühl hatten, die Entwicklung ihres Sohnes zum »richtigen Mann« sei gefährdet. Der Anlass für diese Befürchtung war meist ein geringer. Das konnte ein Dreijähriger sein, der beim Verkleidungsspiel Ohrringe anprobierte, oder ein 14-Jähriger, der vor der schwereren, schwarz markierten Skipiste Angst hatte.

Feministinnen werden gerne als kastrierende Ungeheuer dargestellt, doch es verhält sich umgekehrt. Das Patriarchat operiert mit latenten Kastrationsdrohungen, wenn ein junger Mann sich nicht hinreichend anpassen will. Und paradoxerweise sind es gerade die feministischen Mütter, die überall dort rabiat werden, wo jemand – der Kindesvater mit eingeschlossen – dem Sohn mit Drohungen der entzogenen Männlichkeit sein Selbstvertrauen nehmen möchte. Der Sohn soll sich in seiner Männlichkeit sicher fühlen und nicht denken, dass er seine Neugierde, seine Persönlichkeit, seine Talente auf dem Altar der Geschlechterpolizei opfern muss – das ist ein zentrales Erziehungsziel dieser Mütter.

Die Konflikte, die sie diesbezüglich mit dem Partner haben, sind meistens vergleichsweise gering. Oft hat dieser Partner nur reflexhaft gehandelt, ohne darüber nachzudenken. Wenn er sich erst die Zeit nimmt, zu reflektieren, dann schließt er sich dem liberaleren Erziehungsstil an. Und in vielen Fällen verhält es sich so wie bei Gabriele. Der Vater ist nur marginal an der Erziehung beteiligt. Vor die Wahl gestellt, sich entweder gleich beteiligt einzubringen und die halbe Arbeit zu übernehmen oder aber der Frau die Verantwortung zu überlassen, wählt diese Gruppe von Vätern meist die zweite Option.

Ehen wie die von Yvonne und Gabriele sind das, was man umgangssprachlich als »intakt« bezeichnet – im Grunde solide, streckenweise sogar glücklich. Der Vater gibt sich optisch und verbal modern, er hilft hier und da mit, aber den Löwenanteil der häuslichen Arbeit leistet die Frau. Wenn auch sie berufstätig ist, nimmt sie ihm das übel, doch irgendwann findet sie sich damit ab. Sie erkennt, dass er anders rechnet als sie. Er möchte, dass die Kinder gut und richtig erzogen werden, aber ihm persönlich wäre der erforderliche Aufwand zu viel. Er möchte eine gute Beziehung zu den Kindern haben, doch den Preis für echte Innigkeit will er nicht zahlen. Er will nicht ständig abrufbar, immer verfügbar sein, er will sie nicht zu seiner ersten Priorität machen. Innerhalb seiner Grenzen ist er liebevoll und nett. Die Frau akzeptiert seine Entscheidung. Sie hat eine andere Entscheidung getroffen, teils freiwillig, teils notgedrungen – eine(r) muss es ja tun.

Warum kommt es gerade zum Thema der Männlichkeit von Söhnen zum Konflikt zwischen diesen Müttern und Vätern? – Das kann verschiedene Ursachen haben.

Viele Männer, die selber nicht dem klassischen Männlichkeitsideal entsprechen, wollen es zumindest in ihren Söhnen verwirklicht sehen. Vielleicht erinnern sie sich an Kränkungen aus der eigenen Kindheit und wollen dem Sohn solche ersparen, indem sie ihn zu einem harten Kämpfer trimmen. Vielleicht projizieren sie ihre Selbstkritik und ihr mangelndes Selbstbewusstsein auf ihn.

Manche Männer können der Chance nicht widerstehen, bei diesem Thema sozusagen zum selbst ernannten Erziehungs-Überflieger zu werden. Bis jetzt haben sie sich weitgehend rausgehalten, ihre Frau hat rumgetan und rumgeschustert und sich als »Madame Erziehungsdirektorin« stilisiert, doch hier können sie sie locker übertrumpfen.

Hier mag auch ein gewisser latenter Neid gegenüber der Ehefrau hineinspielen. Viele Frauen hatten den Eindruck, dass ihre Männer sich ambivalent fühlten gegenüber der Nähe, die zwischen ihren Frauen und ihren Kindern besteht. Auch Yvonne vermutet, dass ihr Mann eifersüchtig ist auf die Innigkeit, die sie mit den Söhnen verbindet. Ihre Diagnose, dass der Sechsjährige und der Zwölfjährige bessere und angenehmere Partner und Lebensgefährten sind als er, wird ihn vermutlich nicht gerade begeistern. Er kann einen Keil zwischen Mutter und Söhne treiben, und er kann seine Frau verunsichern, indem er ihr vorwirft, die Söhne zu verweichlichen und ihnen zu schaden.

Ziemlich oft stießen wir auf Familien, in denen die regelmäßige berufsbedingte Abwesenheit des Vaters von den übrigen Familienmitgliedern begrüßt wird – ein trauriger Zustand eigentlich. Diese Väter waren keine prügelnden Bösewichte. Es gab zwar konkrete Beschwerden über sie – sie waren zu streng, sie bestanden auf ihren Fernsehabend und ließen die anderen nie den gewünschten Film sehen, oder sie gingen früh ins Bett und alle anderen mussten mucksmäuschenstill sein. Klagen dieser Art wurden gegen sie vorgebracht, doch das waren alles keine gravierenden Dinge. Diese Männer waren normale, umgängliche, moderne Leute, die einfach nicht synchron liefen mit dem Rest ihrer Familie. Wenn man Familienmitgliedern ein Zeugnis ausstellen würde, stünde in ihrem: »Er kann sich nicht in die Gruppe einfügen.«

Damit traten sie in die Fußstapfen ihrer Väter und Urgroßväter. Die gehörten auch nicht so richtig dazu, weil sie als viel wichtiger galten und ihre Frauen und Kinder ihnen untergeordnet waren. Die Gedanken und Handlungen und Interessen dieser frivolen, untertanen Geschöpfe galten nicht als würdige Beschäftigung für einen Mann – er war das Oberhaupt. Die modernen Nachfahren dieser Männer stehen nicht mehr oberhalb, sondern nur noch außerhalb ihrer Familien. Das ist sicherlich ein unbequemes Gefühl. Es ist nicht angenehm, sich im eigenen Heim, im Kreis der eigenen Familie als Außenseiter zu fühlen. Manche Männer reagieren dann, indem sie versuchen, sich einen Platz zu schaffen – notfalls den Platz des Spielverderbers und Kritikers.

Schließlich ist noch eine letzte Beobachtung von Bedeutung. Der Themenkreis Männlichkeit, männliches Verhalten und Schwäche weckt in sehr vielen Männern eine auffallend starke Aggressivität. Es wird damit sichtlich ein wunder Punkt berührt. Weil dieser wunde Punkt aber nicht ausreichend vom Mann reflektiert wird, führt er zu Abwehrhaltungen, zu Projektionen, zu wilden Rundumschlägen. Ein Mann, der in der eigenen Kindheit unter den Übergriffen von Rowdys oder unter der Verachtung seines Vaters gelitten hat, wird böse und aggressiv, wenn derselbe Themenkreis erneut in seinem Leben auftaucht, diesmal getragen von seinem Sohn. Weil er nicht darüber nachgedacht und es nicht verarbeitet hat, reagiert er irrational. Erfüllt von Ärger, lässt er diesen Zorn und Schmerz an seinem Sohn aus.

Wir empfehlen Ihnen, Ihrem Partner eine, aber auch wirklich nur eine Chance zu geben, diesen Zusammenhang zu erkennen. Wenn er ein intelligenter, gutwilliger Mensch ist, wird er über diese Interpretation nachdenken und sofort damit aufhören, seine eigenen Beschädigungen an einen geliebten Sohn weiterzugeben. Verstehen Sie unseren Vorschlag aber auf gar keinen Fall als Einladung, sich nun zur Psychotherapeutin eines destruktiven Vaters zu ernennen. Wenn er bereit ist, über sich und seine eigenen Jugenderfahrungen nachzudenken und die Kette einer brutalen Maskulinisierung zu durchbrechen, dann gelingt ihm dies durch Nachdenken und durch die Lektüre einschlägiger Texte.

Eine unserer Interviewpartnerinnen machte eine interessante Beobachtung über Lehrer, die gewalttätige Verhältnisse in ihren Klassen rechtfertigen und dulden.

»Die schüchternen, stillen Kinder sind in der Schule benachteiligt, vor allem wenn sie Jungen sind, weil das nicht ins Männlichkeitsbild passt. Damit können vor allem die männlichen Lehrer nichts anfangen. Mir hat nie eine Lehrerin erklärt, dass mein Sohn eben lernen müsse, sich durchzusetzen. Diese Sätze kamen immer von den männlichen Pädagogen. Fast drängt sich da der Eindruck auf, dass sich die männlichen Lehrer selber verunsichert fühlen. Und zwar umso mehr, weil ja der Lehrerberuf nicht unbedingt ein Superimage hat, als Beruf für echte Männer. Ich habe mir oft gedacht, dass die männlichen Lehrer ihre Wut und ihre Unterlegenheitsgefühle an den kleinen Jungen auslassen, die keine Machotypen sind, weil sie sich da vielleicht an sich selbst erinnert fühlen. Ich weiß nicht, ob das weit hergeholt ist, aber dieser Verdacht kam mir im Lauf der Jahre immer wieder in den Sinn.«

Wir halten das für eine scharfsinnige und durchaus plausible Erklärung. Es ist in der Tat auffällig, dass gerade Lehrer, die ja eigentlich einen traditionellen »Frauenberuf« ausüben, oft altmodische Männerparolen ausgeben und als Experten für die Entwicklung der archaischen Ur-Männlichkeit auftreten. Erkennen sie sich vielleicht wieder im stillen, zurückhaltenden Jungen, und kehrt sich das um in Wut und Aggressivität gegenüber diesem Kind, das ihnen ihre eigene Schwäche vor Augen führt?

Diese Beobachtungen ergeben jedenfalls ein sehr klares Fazit, das wir hier in aller undiplomatischen Deutlichkeit aussprechen wollen.

Wenn Sie als Mutter eine Erziehungsvision verfolgen, dann müssen sie diese auch beharrlich verfolgen. Sie dürfen sich nicht wundern, wenn seitens mancher Lehrer und anderer Quellen Versuche kommen, Sie zu kritisieren oder zu verunsichern. Halten Sie sich an zwei Prinzipien: an ihren Respekt vor dem authentischen Wesen Ihres Kindes und sein Recht, der eigenen Persönlichkeit getreu zu bleiben, und an ein partnerschaftliches Zusammenleben.

Wenn Sie als Vater bislang der deutlich weniger involvierte Elternteil waren, dies jetzt aber ändern möchten, so ist das durchaus machbar und begrüßenswert. Halten Sie es so, wie Sie es auch bei anderen Dingen machen, in die sie neu einsteigen. Lassen Sie sich einweisen. Widerstehen Sie dem Drang, sofort als Chef und Experte aufzutreten, und bleiben Sie stark gegen die Stimme, die Ihnen gebietet, sich von einer Frau nicht herumkommandieren zu lassen. Diese Stimme ist nicht Ihr Freund, und der Begriff des Herumkommandierens ist hier nicht relevant. Ihre Frau tut mehr, ist präsenter und hat den besseren Überblick. Nichts Schreckliches wird Ihnen geschehen und keine Entmannung droht, wenn Sie das gelassen anerkennen und sich sachte in den bestehenden Rhythmus einfügen.

Nochmals zum Stichwort Schule: Gegenüber dieser feinen Einrichtung ist Entschlossenheit gefordert. Leider zeigen sich

Lehrkräfte recht oft unsensibel für soziale Übergriffe, die in ihrem Herrschaftsbereich stattfinden. Durch Unterlassung oder durch eigenes aktives Handeln stärken sie die Rowdys in ihrer Klasse auf Kosten der anderen, empfindsameren und sozialeren Jungen. Das dürfen Sie als Mutter auf keinen Fall geschehen lassen.

Sie müssen damit rechnen, dass versucht wird, Ihre Intervention abzuschmettern. Man wird Ihnen wahrscheinlich vorwerfen, den Sprössling durch Ihre übermäßige Betreuung zu verweichlichen. Die Lehrkraft wird ihr eigenes Versäumnis als absichtliche Didaktik darstellen: Kinder müssten lernen, sich durchzusetzen und ihre Probleme in der Gruppe auszuhandeln. Das ist ein Scheinargument, von dem Sie sich nicht beirren lassen dürfen. Von Erwachsenen wird nicht erwartet, dass sie mit grober Behandlung, mit Beleidigungen und körperlichen Angriffen alleine fertig werden, indem sie sich »durchsetzen« – ein Vorgesetzter, der so argumentierte, würde angeklagt werden.

Es ist ratsam, nicht alleine, sondern mit Verstärkung zu einem diesbezüglichen Gespräch zu erscheinen. Nehmen Sie eine Freundin oder Verwandte mit, die Ihren Standpunkt teilt.

Betrachten wir kurz die Erfahrungen, die eine unserer Interviewpartnerinnen diesbezüglich machen musste. Hertha erzählte:

»In der Volksschule hatte Willi einen guten Stand, aber als er ins Gymnasium kam, ging es bergab. In der Klasse waren ein paar grobe Kerle, Willi wurde öfters attackiert. Als ich am Elternsprechtag darauf zu sprechen kam, meinte der Klassenlehrer abwiegelnd, dass es sich aber nicht um richtige Raufereien handle. Mag sein – Willi wurde verprügelt, der Lehrer verstand unter Rauferei offenbar eher ein Rundum-Handgemenge. Die Vorfälle wurden häufiger, aber Willi hat mich beschworen, bloß nicht in der Schule aufzutauchen und mich bitte nicht einzumischen. Das habe ich respektiert, aber nach der dritten zertrümmerten Brille wurde es mir zu viel.

Willi war damals 11. Ich ging zum Klassenlehrer. Der meinte, Willi müsse lernen, sich durchzusetzen, und ich tue ihm überhaupt keinen Gefallen, wenn ich ihm die Auseinandersetzung abnehme. Das müsse er mit den anderen Jungen selber regeln. Als ich weiter störrisch und beharrlich war, fragte er mich, ob es für Willi nicht wichtig wäre, aus der mütterlichen Dunstglocke herauszutreten und sich als Mann zu beweisen. Ich war fassungslos, er hat wirklich Dunstglocke gesagt! Das hat für mich so nach Brutstätte von ungesunden Keimen geklungen. Mir hat es die Sprache verschlagen. Ich habe ihn noch gefragt, wie so ein Beweisen denn aussehen könnte, aber er hat nur was gemurmelt über den Drang, gegenseitig die Kräfte zu messen und sich aneinander zu reiben.

Es ist sicher so, dass Willi einen mächtigen Minderwertigkeitskomplex abgekriegt hat. Zwischen 11 und 14 sah er eher schmächtig aus, mit ziemlich starken Brillen und einem linkischen Auftreten. Heute ist er ein Riesenkerl, aber ich fürchte, er sieht das gar nicht. Innerlich ist er noch der Zwerg, der vor der Schule mit dem Kopf voran von einer johlenden Rowdygruppe in einem Schneehaufen begraben wird. Und das vor den Augen der Lehrer.«

In solchen Fällen ist es sehr nützlich, bei einem Gespräch eine zweite Person dabeizuhaben. Diskriminierende Aussagen wie jene mit der Dunstglocke wird sich der Lehrer eher überlegen, wenn es Zeugen gibt, und Ihre Sichtweise ist überzeugender vertreten, wenn Sie nicht allein damit dastehen.

Überlegen Sie sich schon im Voraus Sätze, die Ihren Standpunkt zum Ausdruck bringen. Wiederholen Sie diese beharrlich. Das könnten zum Beispiel Aussagen sein wie: Mein Kind hat hier in der öffentlichen Schule das Recht auf Sicherheit und auf eine würdevolle Behandlung. Körperverletzung, gefährliche Drohungen, Sachbeschädigungen und Ähnliches verstoßen gegen das

Gesetz. Es ist nicht die Aufgabe eines elfjährigen (neunjährigen, vierzehnjährigen etc.) Kindes, für die Einhaltung der Gesetze zu sorgen. Usw.

Stellen Sie auch Fragen, zum Beispiel: Welche Regeln gelten in Ihrer Klasse? Wie setzen Sie diese durch?

Eine weitere Situation, in der Sie Ihren Sohn eventuell in Schutz nehmen müssen, betrifft die Interaktion mit seinem Vater oder Stiefvater. Kränkende Parolen, wenig hilfreiche Reaktionen im Krisenfall, niedermachende Bemerkungen – das ist Gift für die Entwicklung und das Selbstwertgefühl eines Sohnes, und Sie dürfen es nicht hinnehmen.

Versuchen Sie zuerst, mit Ihrem Mann über sein Verhalten zu sprechen. Es ist möglich, dass er es nicht bewusst wahrnimmt und nicht so meint. Vielleicht wiederholt er nur, was er selber in seiner Kindheit oft hören musste und deshalb für einen normalen Umgangston zwischen Vater und Sohn hält. Vielleicht erachtet er seine Wortmeldungen irrigerweise für hilfreich und glaubt, dass Aufrufe wie »Schlag doch zurück« oder »Wehr dich« sozusagen zu seiner väterlichen Pflicht gehören. Machen Sie ihm klar, wie unrealistisch, unzeitgemäß und verletzend es ist, wenn man den Sohn am Klischeebild eines Muskelklotzes misst und all seine individuellen positiven Eigenschaften als irrelevant vom Tisch fegt, nur weil er sich nicht prügeln mag.

Wenn er bereit ist, die eigene Kindheit zu reflektieren, können sich aus dieser Konversation unter Umständen echte Erkenntnisse und Selbsterkenntnisse für den Vater ergeben: Wo stand er in der Hierarchie des Schulhofes? Was musste er alles einstecken? Wie fühlte sich das an?

Im negativen Fall müssen Sie jedoch bereit sein, auch gegen den Widerstand Ihres Partners die Front zu halten, zu Ihren Werten zu stehen und Ihr Kind gegen Verletzungen zu schützen.

Die Abgeholten

WER kümmert sich um die Jungen? Die Antwort auf diese Frage lautet nur allzu oft: Niemand.

Eine internationale Schule im Herzen Europas. Zu den Freifächern und Arbeitsgruppen (AGs) im Nachmittagsprogramm gehört die beliebte Veranstaltungsreihe »Girls Growing Up«. Viele Eltern mögen den Schwerpunkt, weil er ihnen bei heiklen Fragen der Adoleszenz unter die Arme greift. Die Mädchen mögen ihn auch, weil sie sich ernst genommen fühlen und von den Teilnehmerinnen früherer Jahrgänge gehört haben, dass das Programm vielseitig ist und Spaß macht.

Die Jungen murren, erfasst von einer Mischung aus Geschwister- und Geschlechterneid: Warum gibt es etwas Besonderes nur für die Mädchen und nichts für uns? Auch die Eltern beschweren sich. Die Themen der Veranstaltung, etwa »Wie setze ich mich durch gegen den Druck der Peer-group?«, »Wie erlebe ich die körperlichen Veränderungen in der Pubertät?«, »Rauchen,

Trinken, Gruppendruck«, »Freundschaft« und Ähnliches, sind für ihre Söhne schließlich genauso relevant. Die Lehrerin, die den Mädchenschwerpunkt betreut, findet es höchst bedauerlich, dass es kein »Boys Growing Up« gibt. Seit Jahren macht sie dafür Werbung in der Kollegenschaft, aber die engagierten Männer haben sich längst schon für Sport-AGs verpflichtet und sie kann niemanden finden, der eine Jungengruppe machen will. Alle paar Schuljahre sieht es so aus, als ob endlich eine zustande kommen würde, doch im letzten Augenblick geht immer etwas schief.

Eine als progressiv bekannte öffentliche Schule in Deutschland. Schon seit fünf Jahren blühen und gedeihen hier die Mädchengruppen. Neben den üblichen Inhalten der Adoleszenzbegleitung sind auch kontroverse Fragen wie »Mädchen und Raum« aufgegriffen worden. Da laufende, raufende, Fußball spielende Jungs in den Pausen die Gänge beschlagnahmen, wurde ein Stück des Ganges von den Mädchen zurückerobert. Dort können die Mädchen jetzt lesen, Musik hören und Tischtennis spielen; Jungen haben nur Zutritt, wenn sie Wohlverhalten zusagen und die Mädchen es ihnen ausdrücklich erlauben. Es gibt ein geheimnisumwobenes Initiationsfest für jedes Mädchen, das zum ersten Mal die Regel bekommt. Es gibt aber auch ein jährliches Sommerfest für alle, organisiert von den Mädchen und besucht von Jungen und Eltern.

Die männlichen Jugendlichen nehmen all diese Aktivitäten neidvoll zur Kenntnis. Sie wollen auch ein eigenes Stück Gang, und das Argument, dass der gesamte Rest des Ganges ohnehin ihnen gehört, tröstet sie nicht. Sie wollen auch ein Initiationsfest. Sie wollen auch einen bequemen Raum mit gespendeten Sofas, auf dem sie einmal die Woche ihre diversen Dinge bequatschen. Ihr Neid wird geschürt durch die Tatsache, dass die Organisatorin des Mädchenschwerpunkts eine besonders beliebte Lehrerin ist. Die Buben nehmen es durchaus persönlich: Warum »liebt« sie ihre Schülerinnen mehr als ihre Schüler?

Die Lehrerin nimmt diese Kritik mit gemischten Gefühlen auf. Einerseits erlebt sie das Ungerechtigkeitsempfinden der Jungen als reichlich überzogen. Zum Beispiel die Sache mit dem Flur. Wer in den Pausen durch die Schule geht, kann sich jederzeit davon überzeugen, dass den Jungen 95 Prozent des Terrains gehören. Das kümmerliche Eck der Mädchen als Provokation und Ungerechtigkeit zu sehen, ist lächerlich. Andererseits stimmt es, dass das Aufwachsen für Jungen genauso wie das der Mädchen mit Schwierigkeiten verbunden ist und dass sie unter den Zwängen ihrer Geschlechtsrolle ebenso leiden. Dass sie geradezu nach einem Jungenprogramm lechzen, ist außerdem eine hervorragende Voraussetzung für den Erfolg eines solchen Programms. Die Motivation der Adressaten ist gegeben; fehlt nur der Lehrer, der es anbieten würde. Des Öfteren schon ist sie von Eltern und Schulverwaltung angesprochen worden, ein Jungenprogramm zumindest vorzubereiten, damit es dann hoffentlich ein Kollege übernimmt. »Was soll ich denn *noch* alles machen?«, stöhnt die Lehrerin zu Recht. Ihr wurde das Mädchenprogramm auch nicht auf einem Silbertablett serviert – soll sich doch endlich ein männlicher Kollege melden und ein bisschen darum bemühen.

Möglicherweise findet in der Schule Ihrer Kinder eine Adoleszenzbegleitung (sie kann auch ein bisschen anders heißen) statt. Wenn es keine so genannte Jungen- oder Mädchenarbeit gibt, dann sind Sie vielleicht schon einmal in Kontakt gekommen mit Mädchentagen, Jungenschwerpunkten oder Dingen dieser Art. Es würde sich lohnen, darüber genauere Informationen einzuholen. Theoretisch sind solche Programme sehr sinnvoll. Es ist aber wichtig, dass sie inhaltlich und methodisch gut aufgebaut sind – und das ist leider keineswegs immer der Fall.

In den meisten Projekten, die wir untersuchten, stand zu Beginn eine inspirierende, aber eher vage programmatische Deklaration. Die »Länderübergreifende Projektgruppe Chancengleichheit von Mädchen und Jungen in der Schule« zum Beispiel hat bei einem Treffen in Hamburg ein Papier zur Jungenarbeit entworfen, das als typisch gelten darf.

Zunächst wird Jungenarbeit darin in vier Schlagworten charakterisiert. Sie hat, so heißt es, *emanzipatorischen Charakter, soll aus Rollenzwängen befreien, soll zu einer selbstbewussten Ich-Identität führen und soll eine Identität stiften, die auf Hierarchie im Geschlechterverhältnis verzichten kann und auch bewusst will.* Sie soll ferner, heißt es des Weiteren, *körperorientiert, sinnes-phantasieorientiert* und *erlebnispädagogisch ausgerichtet* sein. Und schließlich *muss* (Hervorhebung von uns) *sie von Männern gemacht werden, damit sich Jungen an realen Männern abarbeiten können*, und sie muss stattfinden in *geschlechtshomogenen Gruppen.*

Sehen wir uns diesen Text genauer an, so stoßen wir sofort auf zahlreiche innere Unschlüssigkeiten: Jungenarbeit soll aus Rollenzwängen befreien: Aber sie kann nur von Männern gemacht werden. Jungen haben, so die Annahme, das unausweichliche Bedürfnis, Kräfte zu messen. Dies ist ihnen angeboren (obwohl es keine angeborenen psychischen Geschlechtscharakteristika gibt). Ausleben können sie es nur an Männern, weil Frauen offenbar keine ernst zu nehmenden Kräfte haben, an denen der Heranwachsende sich messen kann.

In einem anderen diesbezüglichen Text werden 17 Schwerpunkte für die Jungenarbeit definiert, darunter etliche, die mit der Reduktion von stereotypen geschlechtsspezifischen Zuweisungen zu tun haben. Die Jungenarbeit soll etwa *die gesellschaftlichen Normen, denen Jungen unterworfen sind, reflektieren und hinterfragen; die Verhaltenskompetenzen der Jungen um weibliche Anteile erweitern*; sogar *eine Geschlechtsidentität mit weiblichen Anteilen stiften.*

Das ist ehrgeizig und löblich, rätselhaft bleibt nur, warum dann so viele alttradierte Normen bemüht werden, um das Ziel zu erreichen: warum wir, um Stereotypen zu durchbrechen, Jungen in einer reinen Jungengruppe, betreut von Männern, umgarnt von pfadfinderähnlichen Freizeitaktivitäten, über männliche Identität nachdenken lassen.

Mädchen- und Jungenarbeit kommt aus dem emanzipatorischen Lager, dahinter stehen Werte wie Chancengleichheit, fairere Arbeitsteilung und Ähnliches. Mädchen sollen wehrhafter werden, Buben ihre »weiblichen Anteile« besser entwickeln. Klischees sollen abgebaut, Individualität soll gefördert werden.

Wie kommen gerade Personen, die solche Werte vertreten, auf die Idee, der Heranwachsendengruppe eine traditionelle Schablone überzustülpen? Wie kommen sie darauf, dass verstärkte Differenzierung und Betonung der biologischen Unterschiede zum Ziel führen? Warum wird die Geschlechtsidentität als das primäre Gruppenmerkmal betont, wenn das Ziel darin liegt, traditionelle Trennungen auf dieser Basis abzubauen?

Das häufigste Argument in Verteidigung dieses Zugangs ist der Gedanke, man müsse die »Jungen dort abholen, wo sie sind«. Man müsse mit ihnen also zunächst Sport und Kampfspiele betreiben, um ihr Interesse zu gewinnen, und es danach weiterleiten in andere Inhalte.

Der Druck, unter dem Jungen stehen, die gemischten Botschaften und mitunter seltsamen Anforderungen, die von gesellschaftlicher Seite an sie gerichtet werden, dazu gibt es Theorien und Studien und Literatur. Aber was dann? Wir haben uns vier Jahre lang die Programme angesehen, die von schulischer Seite und in der Freizeitbetreuung für junge Leute entwickelt worden sind. Es stellte sich schnell heraus, dass Jungen zwar mit großzügigen Sport- und Freizeitangeboten versehen werden, dass sie aber stiefmütterlich behandelt werden, wenn es um ihre persönliche menschliche Entwicklung geht. In vielen Schulen fanden wir gute Programmangebote oder zumindest hoffnungsvolle und engagiert betriebene Initiativen für Mädchen. Wir fanden Mädchengruppen, Mädchenklubs und Mädchenschwerpunkte, geleitet von motivierten Lehrerinnen. Und meist fanden diese Lehrerinnen irgendwann, dass es doch auch ein Programm für die Jungen geben sollte. Mitunter konnten sie einen männlichen Kollegen sogar so weit kriegen, dass er sich dieser Sache annahm. Und dieser Kollege entdeckte dann in aller Regel, dass er sich in einem Land ohne Karten befand. Da saß die Jungengruppe nun vor ihm, flachsend, laut, sich gegenseitig von den Sitzen stoßend, irrsinnig cool – und was genau sollte er nun mit ihnen tun?

In Ermangelung hilfreicher Unterlagen verfiel er meist notgedrungen auf Reserveplan B oder C. Plan B: Er flüchtete in gruppendynamische Übungen, an die er sich erinnerte, weil er sie irgendwann mal in einem Seminar selbst miterlebt hatte. Das erwies sich selten als zweckführend und oft als ausgesprochen gefährlich. Plan C: Er machte jene Dinge, die ihm spontan zu Jungen einfielen, zum Beispiel Basketball, Kletterwand oder, im ehrgeizigen Fall, Zelten. »Man muss die Jungs dort abholen, wo sie sind«, begründete er sein Vorgehen. Und war enttäuscht, dass seine Schützlinge aus diesen Übungen weder geläutert noch sichtlich verändert hervorgingen, dass sich nicht irgendwie magisch eine Selbsterfahrungsgruppe daraus entspann. Weil er sie zwar »abgeholt« hatte, mit ihnen dann aber nirgendwo hingefahren ist.

Ein solches Handeln nimmt an, dass Jungen eine homogene Gruppe sind, durch gleiche Interessen und Eigenschaften geeint, und dass sie nur im Kollektiv betreut werden können. Diese Annahmen sind beide falsch.

Wie neuere Studien zeigen, sind Jungengruppen erstens weit poröser, als sie auf den ersten Blick erscheinen mögen, sind sie zweitens eher das Konstrukt sozialer Zwänge als der inneren Wünsche der Jungen selbst und trifft drittens das traditionelle

Jungenverhalten in Wirklichkeit nur auf eine Minderheit zu (allerdings auf eine auffällige, ins Auge springende und daher überbewertete Minderheit). Der – statistisch gesprochen – »normale« oder – besser – durchschnittliche Junge entspricht dem Klischeebild nur partiell oder gar nicht. Er spielt gerne mit Mädchen, aber nur dort, wo das sozial gestattet wird, nämlich im Verwandtschaftskreis und in der Nachbarschaft; in der Schule, wo er dafür verspottet werden könnte, ignoriert er sie. Seine Liebe für Sport ist nur zum Teil eine echte Neigung. Schon in der Volksschule weiß er, dass es für einen Jungen einfach zum guten Ton gehört, Sport zu lieben. Immer und immer wieder konnten wir in Beobachtungen und Studien von Jungen erkennen, dass die Gruppe, also die Jungengruppe, nicht ihr Hafen, ihre intrinsische Heimat ist, in der sie sich wohl und zu Hause und geborgen fühlen, sondern ihr großes Problem. Und die Jungenarbeiter wollen sie, statt sie von der Gruppe und deren Druck und überholten Gesetzen zu befreien, wieder in diese Gruppe schließen? Nun wollen auch noch die Jungenbetreuer den Jungen vermitteln, dass ein »echter Junge« sich in erster Linie für Sport interessiert?

Für die verbesserte Interaktion zwischen Mädchen und Jungen ergibt die Jungengruppe ebenso wenig Sinn. Während man vielleicht noch argumentieren könnte, dass Mädchen die Gruppe zur Stärkung brauchen, trifft dieses Argument für Jungen keineswegs zu. Sie werden zwar in ihrem aggressiven Auftreten, nicht aber in ihrer Identität gestärkt durch die Gruppe. Und »die Gruppe« hat für Jungen und Mädchen eine grundlegend andere Bedeutung. Für Jungs ist die Gruppe eine Art Rudel, eine kampforientierte, hierarchische und Konformität erzwingende Struktur, der sich der Einzelne unterordnen muss. In der Gruppe hat sich jeder für sich zu profilieren, er hat Bündnisse zu schließen, seinen Platz zu kennen und seine Individualität zu unterdrücken, falls sie nicht ins Schema passt.

Wie verfahren wir nun mit den Jungen? Versuchen wir, aus ihnen eine zuhörende, tendenziell antihierarchische, zugewandte Gruppe nach Vorbild der Mädchengruppen zu schmieden? Oder geben wir der Überlegung Raum, dass für Jungen die geschlechtshomogene Gruppe an und für sich vielleicht nicht die optimale Form für kritisches Denken und alternatives Handeln darstellt?

Erinnern Sie sich dazu bitte an das Kapitel »Echte Jungs«, wo wir direkt aus dem Munde junger Männer gehört haben, wie deren tägliches Leben aussieht. Die Gemeinschaft ihrer Geschlechtsgenossen ist eine Diktatur, in der sie leben müssen. Mühsam basteln sie sich einen Habitus zusammen, der es ihnen möglich macht, in dieser Gemeinschaft zu bestehen. Ihr Auftreten, ihre Art zu sprechen, ihre Kleidung, all das ist sorgfältig ausgewählt, um Akzeptanz zu erreichen und Angriffe zu verhindern. Es ist naiv und vollkommen unrealistisch zu erwarten, dass Jungen diesen sorgfältig konstruierten Apparat ablegen werden, um sich plötzlich einander zu öffnen und ihre Ängste und Schwächen zu diskutieren.

Auch Mädchen haben einen sorgfältig konstruierten Habitus, der ihre Position in der Gruppe festigen soll. Aber die internen Regeln der Mädchengruppe gestatten Vertraulichkeiten, das Zeigen von Schwäche und Verletzbarkeit und den intimen Austausch von Informationen. Die internen Regeln der Jungengruppe gebieten Bluff, eine coole »Über-drüber-Haltung« und ein ständiges sorgfältiges Bedenken der Rangordnung. Es ist eigentlich klar, dass hier ein anderes Vorgehen geboten ist.

In mittlerweile klassischen Experimenten hat die Sozialpsychologie gezeigt, mit welch erschreckender Automatik auch Gruppen von Kindern und Jugendlichen sofort dem Gesetz der Gruppe gehorchen. In einem Ferienlager gelang es zum Beispiel innerhalb kürzester Zeit, aus zwei willkürlich zusammengestellten Untergruppen von 14- und 15-Jährigen, die zuvor in Bezug auf ihre soziale Herkunft, ihr Alter und ihre Interessen sorgfältig ausgewählt worden waren, um einander möglichst ähnlich zu sein, rivalisierende Banden zu machen, die bereit waren, einander ernsthaften Schaden zuzufügen.*

Für Knaben enthält die Jungengruppe die Gefahr, dass alte Rudelgesetze hochleben; für Mädchen, dass sie sich in einen Kreislauf des gegenseitigen Bedauerns und Mitfühlens begeben; für beide, dass die Blockbildung mehr trennt als vereint, sie nicht vorwärts bringt, sondern zurückhält.

Die bisherige Adoleszenzbetreuung zeigt noch eine weitere logische Unschlüssigkeit. Sie definiert sich zwar als »Betreuung« oder »Begleitung«, in der Praxis beobachteten wir jedoch, dass die Betreuer sich zu einem erstaunlichen Maß passiv und abwartend verhalten und darauf hoffen, die Existenz einer Plattform für die Jugendlichen würde alleine schon genügen, um Inhalte entstehen zu lassen. Und wenn das nicht geschieht, greifen die Betreuer in wachsender Verzweiflung zu Maßnahmen, die eher in den Bereich der Verwaltungstechnik oder Gruppendynamik fallen. Sie scheuen sich dann aber immer noch davor, Inhalte vorzugeben.

Von den Jungen wird in Adoleszenzgruppen erwartet, dass sie ihr eigenes Gruppenverhalten zunächst ablaufen lassen, es dann studieren, Muster erkennen, dahinter liegende Abläufe kritisch sehen und sich irgendwann, offenbar in einer spontanen Eigengruppentherapie, einem Wachstums- und Heilungsprozess zuwenden. Von den Mädchen wird erwartet, dass sie nach einer gebührenden Befassung mit den erlebten Diskriminierungen wehrhaft werden, sich zu einer schlagkräftigen Truppe formieren und die Welt, zumindest aber die Schulwelt, verändern. In beiden Fällen ist dies eine unglaubliche Überforderung.

---

* Henri Tajfel: »Experiments in intergroup discrimination«, in: *Scientific American,* 223, 1970.

Vor allem sehr viele Leiter von Jungengruppen verhalten sich passiv. Sie lassen die Gruppe treiben im Glauben, dass dadurch »irgendwie« etwas Konstruktives entstehen werde. Wenn stattdessen nur gestritten und geblödelt wird, wenn sexistische Witze kursieren und Anfeindungen passieren, reagieren sie hilflos. Es war für uns erschreckend, wie hilflos und labil sich auch gute LehrerInnen verhalten, sobald es um Inhalte des sozialen Lernens geht. Wir haben Horrorstunden erlebt, in denen einige Rowdys sich im Beisein der Lehrkraft ungehindert an schwächeren Mitschülern austoben durften. Ordinäre Beschimpfungen, gemeine persönliche Angriffe, verletzende Beleidigungen wurden von der Lehrkraft hingenommen, blieben unkommentiert und unsanktioniert. Gelegentlich wurde mit schwacher Stimme auf irgendwelche anfangs bestimmte Regeln des Umgangs verwiesen. Diese Regeln wurden dann von den Rowdys weiterhin übergangen oder ironisiert, ohne dass es irgendwelche Konsequenzen gegeben hätte.

Die folgende Stunde liefert ein gutes (oder eigentlich ein schlechtes) Beispiel.

Bitte mit Rückgrat – Ein Beispiel zur Jungenarbeit

Treffen der Jungengruppe. Die Teilnehmer nehmen im Sesselkreis Platz. Anders als der Raum der Mädchen, bietet dieser Raum keine andere Sitzgelegenheit als den normalen Schreibtischstuhl – kein Sofa, kein Futon, keine Wohnlichkeit.

Der Betreuer hat für heute kein Programm vorbereitet, sondern lädt seine Schützlinge ein, »Inputs« zu geben. Lange kommt kein Vorschlag, schließlich meinen ein paar der Jungs, man könnte über das störende Verhalten von Freddi reden. Schon an der ungeduldigen Reaktion des Lehrers wird ersichtlich, dass dies kein ernst gemeintes Anliegen ist, sondern nur die Eröffnungsrunde eines beliebten Gruppenspiels. Freddi ist kleiner als die anderen und hat sich die Rolle des Klassenclowns angeeignet. Er wird in der Folge etwa fünf Minuten lang kritisiert und verspottet, teils mit kränkenden persönlichen Angriffen, die seine Körpergröße, sein Aussehen und Ähnliches betreffen.

Freddi reagiert zunächst anscheinend selbstbewusst und sogar provozierend auf die Angriffe. Sehr schnell aber gleiten die Anmerkungen unter die Gürtellinie, und es wird offenkundig, dass der Junge sich in der Defensive befindet. Der Lehrer reagiert nun mit einer Intervention. Er spricht aber nicht die massive Aggression an, sondern verweist bloß auf diskursive Spielregeln, die offenbar irgendwann besprochen worden sind. »Wir haben ausgemacht, dass wir nicht in der dritten Person über einen Anwesenden reden, sondern ihn immer direkt ansprechen.«

Kein Problem. Nun richten die Angreifer ihre Beleidigungen direkt an das Opfer, es heißt nicht mehr: »Er ist ein blöder Zwerg« usw., sondern: »Du bist ein blöder Zwerg.« Es liegt auf der Hand, das damit keine Verbesserung eintritt. Die nicht endenden boshaften Sticheleien und direkten Angriffe erzeugen eine giftige Stimmung, nach einer Weile wird der Betreuer ungeduldig und verlangt einen Themenwechsel.

Wieder gibt er keinen Inhalt vor, er schlägt aber vor, man könne vielleicht ein positives gemeinsames Erlebnis reflektieren. Die Gruppe beschließt, jedoch bereits mit verdächtig übermütigem Blick, die letzte Schulskiwoche zu besprechen. Die »Besprechung« läuft so, dass die zwei oder drei Rädelsführer berichten, wie ihre damaligen Zimmergenossen sich angeblich im Schlaf abstoßend benommen hätten. Von der Imitation lauten Schnarchens gleiten sie schnell ab in Darstellungen anderer unappetitlicher Körperfunktionen: Schnäuzen, Spucken etc. Obwohl es den Imitierten sichtlich unangenehm ist und sie mitunter protestieren, verweilt die Gruppe lange bei diesem Thema.

An dieser Stelle wäre es leicht möglich, die Diskussion inhaltlich umzufunktionieren. Der Lehrer könnte darauf aufmerksam machen, dass sich die Gruppe offenbar sehr für Körpersekrete interessiert und diese für abstoßend hält. Welche Sichtweise des eigenen Körpers steckt hinter dieser Wertung? Er interveniert aber gar nicht, sondern lässt seine Schützlinge wie gestrandete Fische ziellos herumflapsen.

Das persönliche Fazit des Lehrers nach der Stunde war übrigens, dass heute »nichts« passiert sei, dass es eine unerquickliche, ergebnislose Stunde gewesen sei und dass es überhaupt »äußerst mühsam« sei mit dieser Gruppe.

Zumindest seine erste Einschätzung war falsch. Es war sogar sehr viel passiert. Zwei sehr gewichtige Themen waren in der Stunde aufgegriffen worden: das Thema der Aggression von Jungen untereinander und das Thema Körper und körperliche Entwicklungen. Der Lehrer hatte vorgehabt, den Inhalt der Stunde von der Gruppe »bestimmen« zu lassen. Das hatte sie auch getan in ihrer eigenen rudelhaften, unbeholfenen Art und Weise, nur hatte er es gar nicht bemerkt und die Inhalte nicht aufgegriffen.

Durch seine Untätigkeit hat der Lehrer der Gruppe etliche negative Mitteilungen gemacht. Er hat ihnen vermittelt, dass diese Stunde ganz anders ist als alle anderen Schulstunden, dass sie weniger ernst ist und dass somit auch das Thema des sozialen Umgangs ganz anders und weniger ernst ist als andere Lerninhalte. Er hat weiterhin vermittelt, dass auch er sich bei diesen Themen ängstlich, unsicher und hilflos fühlt, und hat damit die Unsicherheit der Gruppe gesteigert – denn ihr wirres, aggressives Verhalten verrät eine tiefe Unsicherheit. Die Gruppe bekam das Gefühl, dass keiner mit ihrer Aggressivität fertig wird und dass sexuelle Themen, wie von ihnen bereits vermutet, tatsächlich chaotisch, tendenziell schmutzig und sehr verunsichernd sind.

In der Mädchen- und in der Jungenarbeit ist es Aufgabe der Lehrkraft, ihrer Gruppe Struktur zu geben. Die Lehrkraft ist das Fundament der Gruppe und muss daher Rückgrat zeigen. Aufkommende Konflikte und Ängste müssen von der Lehrkraft gemanagt und aufgefangen werden. Die erste Verpflichtung der Lehrkraft liegt darin, die Gruppe zu einem sicheren Ort zu machen, zu einem Ort, an dem alle sich äußern dürfen und an dem die gewählten Themen besprochen werden können.

Im genannten Beispiel ging es nicht um den grammatikalischen Stil der Angriffe, sondern um die Angriffe selber. Es ging nicht um die Form, sondern um den Inhalt. Immer wieder aber haben wir miterlebt, dass Lehrer, wenn die Situation schwierig wird, sich an die Form klammern und den Inhalt ignorieren. Zu den Grundregeln des Verhaltens im Klassenzimmer und des Umgangs miteinander in einer Mädchen- oder Jungengruppe gehören gegenseitige Achtung und Höflichkeit. Weder in der ersten noch in der dritten Person ist es o.k., sich beleidigend zu äußern oder einen anderen anzugreifen. Die Kinder sollten weder dazu aufgerufen werden, Übergriffe zu »ignorieren«, noch darf man sie auffordern, Aggressionen selber mit dem Angreifer auszuhandeln.

Wie weiter oben schon kurz angesprochen, haben wir in Jungengruppen häufig miterlebt, dass irgendwelche gruppendynamische Übungen, die die Lehrkraft bei einem Seminar selbst erlebt hatte oder die angelesen waren, auf die Teenager übertragen wurden. Übungen dieser Art, die im Kontext der Arbeit mit Erwachsenen entwickelt wurden, können aber nicht einfach auf Jugendliche transferiert werden. Selbst bei Erwachsenen können solche Übungen, wenn sie nicht unter fachkundiger Leitung durchgeführt werden, sehr leicht schief gehen. Umso mehr gilt das für eine Gruppe in der Pubertät. In einer Jugendlichengruppe gibt es mitunter so viel frei schwebende, leichtsinnige Aggression, dass die Übungen nicht sinnvoll eingesetzt werden können. Außerdem ist ihr Sinn oft nicht auszumachen: Was soll durch diese Übungen erreicht werden? Es gibt inhaltlich genug Stoff und genügend pragmatische Lernziele, ohne sich auf Psycho-Experimente einlassen zu müssen.

Oft – so auch nach dieser Stunde – hörten wir seitens der Lehrer und Betreuer die Beschwerde, von den Jungen »komme« nichts. Diese Beschwerde verrät mehr über die Erwartungshaltung ihrer Betreuer als über die Jungen. Im übrigen Schulleben warten sie auch nicht darauf, dass von den Kindern etwas kommt: eine mathematische Formel, ein historischer Zusammenhang. Sogar in einem interaktiven, lebhaften Unterricht müssen Impulse, Vorlagen und Strukturen von den Lehrpersonen eingegeben werden. In einem Vakuum entsteht nichts.

Auffällig für uns waren an der oben beschriebenen Stunde:

- Die Atmosphäre war spürbar geladen. Es war nicht so, dass die Jungen gelangweilt oder unwillig gewesen wären. Sie waren vielmehr überdreht, unruhig, angespannt.
- Die Selbststeuerung der Gruppe funktioniert nicht. Auch bei Erwachsenen, besonders bei solchen, die auch in ihrem normalen Alltag miteinander zu tun haben, wäre es in fast allen Fällen eine Überforderung, sie ohne Steuerung, sinnvollen Aufbau und inhaltliche Vorgabe einfach zum »Reflektieren« und zum gegenseitigen »Feedback« aufzufordern. Bei Kindern und Jugendlichen ist dieses Vorgehen von vornherein zum Scheitern verurteilt.
- Es gab trotzdem an einigen Punkten eine Chance, der Sache noch eine Wende zum Positiven zu geben. Die Aggressivität gegen eine Einzelperson hätte sowohl zu einer Diskussion über Aggressivität als auch zu einer Wiederholung oder Klärung der Regeln eingeladen. Die Faszination mit Körpersekreten ist ein Indiz dafür, dass die Gruppe mit körperlichen Veränderungen beschäftigt ist und, mit etwas gezielter Lenkung,

auch darüber sprechen könnte. Der Zwang, stets cool zu sein, eine Angriffshaltung cool zu finden, Gleichgültigkeit und Erhabenheit zu demonstrieren, prägte fast jeden Wortwechsel, es wäre sehr wertvoll gewesen, das aufzugreifen und zu erörtern.

Jungenarbeit – Die Prämisse

Dass Jungenarbeit überhaupt stattfindet, ist ohnehin die Ausnahme. Wir schätzen die zahlenmäßige Proportion von Mädchenarbeit zu Jungenarbeit auf 10:1. Warum aber dieses Missverhältnis?

Eine mögliche Erklärung ist, dass die Gesellschaft zwar behauptet, auch die Sozialisation von Männern zeitgerechter gestalten zu wollen, dass sie es aber nicht wirklich so meint.

Die deutsche Sprache hat eine masochistische Komponente, wenn wir sie etwa mit der englischen Sprache vergleichen. Vor allem in der amerikanischen Variante versucht die englische Sprache, sogar für triste Lebensmomente einen erhebenden, ermunternden Begriff zu finden. Anders im Deutschen, wo die Dinge sehr schnell sehr ernst werden. Im Deutschen muss Beziehungs*arbeit* geleistet werden, und Bewusstseins*arbeit*. Und wenn wir uns den Jugendlichen zuwenden, dann muss natürlich Mädchen*arbeit* getan sein, und irgendwann auch Jungen*arbeit*.

Aber halten wir uns nicht mit sprachlichen Details auf. – Was ist das für eine »Arbeit«, die hier geleistet werden soll?

Es fing an mit feministisch motivierten Untersuchungen, die zeigten, dass Mädchen in der Adoleszenz leicht ihre Orientierung und ihr Selbstbewusstsein verlieren können und dass diese Beschädigungen ihr ganzes restliches Leben überschatten. An vielen Orten – in Schulen, Jugendzentren usw. – sind seither Programme ins Leben gerufen worden, um Mädchen in dieser Phase zu unterstützen. Typischerweise sieht das so aus, dass sich eine Gruppe von Mädchen unter der Betreuung einer Lehrerin oder Jugendarbeiterin zusammenfindet, um

- körperliche Veränderungen während der Pubertät und sexuelle Fragen zu besprechen,
- typische Konflikte und Sorgen dieser Altersgruppe zu erörtern, zum Beispiel Krisen mit den besten Freundinnen, Rivalitätsgefühle, Cliquenbildungen und Ausschluss aus der Clique, Konflikte mit Eltern etc.,
- ein Repertoire für soziale Konfliktsituationen zu erarbeiten,
- Selbstverteidigung zu lernen, zum Beispiel in Form eines WenDo-Kurses,
- geschlechtsstereotypenübergreifende Tätigkeiten zu erproben, zum Beispiel in einem Kurs über Fahrradreparatur, Internet, Mechanik, Bauprojekte etc.,
- Durchsetzungsstrategien gegenüber den dominanteren Jungen zu erlernen und einen gestärkten Gruppenzusammenhalt zu erreichen.

Diese Programme, die vornehmlich in den USA, Skandinavien und in Deutschland pionierhaft eingeführt wurden, finden bei den Mädchen, den Eltern und Schulen meist großen Anklang und werden sehr positiv erlebt.

Warum gibt es dann kaum vergleichbare Programme für Jungen? Läuft die Sache bei ihnen so gut, dass sie so etwas nicht brauchen?

Das würde wohl niemand behaupten. Infolge der typischerweise größeren Aggressivität von Jungen sind ihre Probleme oft sogar evidenter als jene der Mädchen: Sie raufen mehr, praktizieren häufiger Vandalismus, treten öfter kriminellen Jugendgruppen bei, bewaffnen sich, experimentieren mehr als Mädchen mit Suchtmitteln und verletzen sich mehr durch körperliches Risikoverhalten.

In ihrem erwachsenen Leben machen sich die Defizite, die in diesen Jahren erworben werden, dann bemerkbar durch Partnerschaftsprobleme, durch Probleme der Selbst- und Aggressionskontrolle und andere zwischenmenschliche und sexuelle Störungen.

Die männliche Adoleszenz wird dennoch, wie auch ein groß angelegtes Forschungsprojekt der Carnegie-Stiftung ergab, deutlich weniger diskutiert. »Körperliche Veränderungen während der männlichen Pubertät und die damit einhergehenden Gefühle erhalten fast keine Beachtung«, folgerte die Studie.*

Zu den besonders engagierten Advokaten einer verbesserten Jungenarbeit gehören die Trägerinnen der Mädchenarbeit. Sie wissen, dass die Auslassung der männlichen Jugendlichen ihre eigene Arbeit zu weiten Teilen behindert, neue Konfliktfelder und Leerläufe schafft, da eine sinnvolle, zeitgerechte Sozialisation in Geschlechterfragen selbstverständlich beide Geschlechter umfassen muss.

Manche Experten rufen dazu auf, in Anlehnung an archaische Praktiken zu alten Initiationsriten zurückzugreifen. Sie halten es für ein echtes Defizit unserer Gesellschaft, dass wir so etwas nicht mehr vorweisen können. Robert Bly ist der wohl exponierteste Befürworter solcher Maßnahmen. Rückgreifend auf vergangene Jagd- und Indianerkulturen will er männliche Ur-Erfahrungen wieder in das moderne Männerleben integrieren.

Auch in den Adoleszenzprogrammen für Mädchen spielen archaische Momente eine Rolle.

Mancherorts wird versucht, aus der Menarche (wieder) ein Ritual zu machen. Vor allem in der Mädchenarbeit wird die erste Regel zum Anlass genommen für positive Verstärkung, zum Beispiel indem für das Mädchen eine Party veranstaltet wird. In min-

---

* S. Feldman und G. Elliott: *At the Threshold. The Devoloping Adolescent,* Cambridge 1990, S. 50.

destens einer Wiener Schule, wo die Klassenlehrerin eine Mädchengruppe betreut, wird für jedes betreffende Mädchen ein »Rotes Fest« veranstaltet, das der Anerkennung dieses Wendepunktes und der Enttabuisierung dienen soll. Die Klassenkameradinnen erscheinen als Partygäste in roter Kleidung, alle Erfrischungen haben rote Farbe, es gibt rote Luftballons etc. Bei den Mädchen ist dies ein sehr großer Erfolg, es stärkt sie in ihrem Gemeinschaftsgefühl und stellt ein Vertrauensverhältnis zur Lehrerin her, das sich positiv auswirkt. So ist es den Mädchen seither leichter möglich, bei persönlichen Problemen die Hilfe der Lehrerin in Anspruch zu nehmen und sich ihr anzuvertrauen.

Die Jungen, die zwar ausgeschlossen blieben und die Details nicht erfahren sollten, die aber dennoch bald vom Fest erfuhren, forderten daraufhin, dass auch für sie ein vergleichbares Adoleszenzfest ins Leben gerufen werden sollte. Ihr Betreuer möchte diesen Wunsch erfüllen, sah sich aber bislang außerstande, ein vergleichbares markierendes Ereignis in der Entwicklung des männlichen Körpers auszumachen, das er zum Anlass für die Festivitäten nehmen könnte.

Im Schlussbericht einer deutschen Adoleszenzbegleitung heißt es zum Beispiel: »Alle Mädchen haben durch die Menstruationsfeiern den ersten Entwicklungsschritt vom Mädchen zur Frau bewußt und positiv bewältigt: Sie haben die oft angstbesetzten Veränderungen selbstbewußt erfahren und sind sich ihrer Gemeinsamkeit hier sehr sicher gewesen. Eine entsprechend bewußt-gestaltbare Statuspassage fehlt für die Jungen, und das war ihnen als Mangel auch deutlich bewußt.«*

Warum freuen sich die Mädchen auf die Menarche, hoffen den Augenblick herbei und werden ungeduldig, wenn andere ih-

---

* C. Biermann, C. Heuser, M. Schütte, A. Wachendorff: *Mädchen und Jungensozialisation an der Laborschule*, Bielefeld 1994 (Manuskript).

nen zuvorkommen? Entweder es bewegt sie – was bei Mädchen ohnehin keine seriöse Theorie behauptet, bei Buben aber doch – irgendein tiefes archaisches Geschlechterbewusstsein, irgendein Trommelrühren aus früheren Stammeszeiten, oder aber – die weitaus plausiblere Erklärung – die Begründung liegt in der Logik des Aufbaus von Peer-groups.

Menschlicher Ur-Impuls und rationales Bedürfnis ist es, von der jeweiligen Gruppe akzeptiert zu werden, Signale der Zugehörigkeit zu setzen und innerhalb dieser zu versuchen, rangmäßig aufzurücken. Untersuchungen der Gemeinschaften von Kindern und Jugendlichen zeigen immer wieder dasselbe Bestreben: Das Kind will akzeptiert werden, dazugehören und nach Möglichkeit im oberen Drittel der Gruppe liegen.* Es will zu den Größeren gehören, nicht zu den Babys. Es will mehr haben und können, nicht weniger. Hier ist die Menarche nützlich. Sie grenzt ab von den Buben und ist ein Reifebeweis. Wer sie hat, ist erwachsener als die anderen.

Daraus sollte aber nicht gefolgert werden, dass sie die Art von Wendepunkt darstellt, den das Ritual suggeriert. In unserer Gesellschaft ist ein Mädchen, nur weil es die erste Regel bekommen hat, realistisch gesehen noch sehr lange keine »Frau«. Mit 11 bis 13 Jahren ist es noch nicht einmal das, was wir ernsthaft als »junge Frau« bezeichnen würden, sondern es ist weitgehend noch ein Kind. Es ist in unserer Gesellschaft außerdem sehr wichtig, dass sich das Mädchen auch weiterhin selbst als Kind definiert und als solches behandelt wird, denn wenn es bereits als junge, sexuell reife Frau auftritt, führt das in unserer Kultur zu großen Problemen. Die erste Regel mag in anderen Epochen einen authenti-

---

* Besonders ausführlich hat sich Judith Rich Harris dieser These in ihrem Buch gewidmet: *Ist Erziehung sinnlos? Die Ohnmacht der Eltern*, Reinbek 2000.

schen und wichtigen Übergang markiert haben, in unserer heutigen Wirklichkeit ist sie eine fiktive Markierung, eine Markierung ohne soziale Relevanz oder Folge. Keine zusätzlichen Rechte erwachsen daraus, wenig verändert sich.

Zusammenfassend können wir daher feststellen: Jungen haben in unserer Gesellschaft keine Initiationsriten, keinen erkennbaren und von ihrer Umgebung gestützten Moment, in dem sie den Übergang vom Kind zum Jugendlichen erleben. Aber Mädchen haben einen solchen auch nicht.

Es gibt aber eine andere Möglichkeit. Vielleicht erhält die Adoleszenz bei uns weniger Aufmerksamkeit, weil sie nicht mehr besonders relevant ist. Wir leben nicht mehr in einer Welt, in der junge Menschen spätestens in diesem Alter die getrennten Fertigkeiten ihrer Geschlechtsgruppe beherrschen sollten, in der der Wert eines Jungen an seiner potenziellen Begabung als Jäger und Krieger hängt. Die Sorgen, Probleme und Herausforderungen der Adoleszenz sind bei uns unvergleichlich geschlechtshomogener als in traditionellen Gesellschaften.

Unsere Schulbeobachtungen zeigten in dieser Hinsicht zunächst ein unerwartetes Ergebnis, das sich dann aber mit den Erfahrungswerten von Lehrpersonen deckte. Die Adoleszenz erwies sich in der typischen Schule als der Zeitpunkt, an dem vorangegangene Geschlechterrivalitäten und Abgrenzungen abrupt einer von vielen gestressten Pädagogen wohltuend aufgenommenen Wiederversöhnung der Geschlechter wichen.

Die Teilung in mehr oder weniger deutliche Geschlechtslager ist in den meisten Schulen ein Phänomen der Jüngeren und keineswegs der Jugendlichen, und das nicht nur deshalb, weil erste romantische Anbahnungen stattfinden. Nein, anwesende Erwachsene konstatieren deutlich eine Entspannung, einen neutraleren Umgang zwischen Jungen und Mädchen in dieser Zeit.

Es gibt zwar große Unterschiede zwischen Schulklassen, Schulen und sogar Jahrgängen, aber in der Summe trifft in etwa dieses Bild zu: Etwa 15 Prozent der Kinder setzen sich überhaupt durchgängig über die Geschlechtsgrenzen hinweg und pflegen Freundschaften und freundliche Kontakte zu Mitschülern und Mitschülerinnen ohne erkennbaren geschlechtsspezifischen Zusammenhang. Diese Gruppe erhält in der Adoleszenz Verstärkung. Gemeinsame Projektarbeit kann nun viel leichter stattfinden, in den Pausen findet mitunter gemischte Konversation in kleinen oder großen Gruppen statt. Der Unterschied zu vorher ist merklich.

Was geschieht hier? Nichts wirklich Dramatisches. Unsere Gesellschaft ist eine gemischte, in der Männer und Frauen gemeinsam arbeiten, Freizeit verbringen, den öffentlichen Raum nutzen. Im Lauf der Sozialisation ist daher eigentlich auch nichts anderes zu erwarten, als dass die Kinder sich dem anpassen und zunehmend »koedukativer« werden. Die tatsächlich zentrale Frage der Adoleszenzbegleitung betrifft daher gar nicht die Jugendlichen, sondern uns Erwachsene: Die zentrale Frage ist die Frage nach unserer eigenen Ambivalenz. Warum signalisieren wir jungen Leuten, dass ihre Zugehörigkeit zur Geschlechtsgruppe dermaßen vorrangig ist, wenn das gar nicht mehr der sozialen Wahrheit entspricht?

Die wichtigsten Aufgaben eines jungen Menschen sind: sich körperlich gesund zu entwickeln und die aktuellen Gesundheitsrisiken zu vermeiden; eine gute Ausbildung zu bekommen; selbstständiger zu werden; sich selbst besser kennen zu lernen, um die geeigneten beruflichen Entscheidungen treffen zu können. In primitiven Gesellschaften war die Geschlechtsgruppe essenziell für die Aufgabenstellungen dieser Altersgruppe. Bei uns spielt sie kaum eine Rolle – und spielt doch eine ganz entscheidende Rolle.

Wir befinden uns sozialgeschichtlich an einem nicht ganz einfachen Punkt, der sich in seiner ganzen Paradoxie am besten so ausdrücken lässt: Geschlechtsrollenzuweisungen haben nicht annähernd ihre frühere Stringenz und besitzen nicht mehr ihre ehemalige Bedeutung, aber sie haben sie auch noch nicht gänzlich verloren. Der schraffierte Bereich der Gemeinsamkeiten zwischen den Geschlechtern wird größer, aber Abweichungen von der Norm werden noch immer mit einem hohen Preis bezahlt.

Was beschäftigt die Jungen am meisten?

Die Bereiche, die Jungen in der Adoleszenz die größten Probleme bereiten, können wir wie folgt zusammenfassen:

- Wirkung auf und Position in der Gruppe
- Umgang mit körperlichen und emotionalen Veränderungen
- Umgang mit dem anderen Geschlecht und mit Geschlechtlichkeit an sich
- Entwicklung von Werten und Zukunftsbildern

Wirkung auf und Position in der Gruppe

Wie wirke ich auf andere? Werde ich als hinreichend männlich wahrgenommen? Körpergröße und -kraft sollen zumindest im Normbereich, lieber etwas darüber liegen. Ein anerkannter Platz in der Gruppe ist essenziell. Wer nicht als Führer akzeptiert wird, sucht eine andere Rolle, als Adjutant des Führers, als Führer einer Gegengruppe, als loyaler Mitläufer. Wer in der Schule gut ist, vermeidet den Ruf eines unsympathischen Strebers, indem er andere abschauen lässt oder lernt, sich nicht darum zu kümmern, indem er sich zurückzieht und als schrullig betrachten lässt. Wer durch körperliches Aussehen oder andere Eigenschaften eine Außenseiterrolle einnimmt, profiliert sich als Clown oder erringt Respekt für irgendeine besondere Begabung, zum Beispiel für verbalen Mut gegenüber Lehrern oder coole Sprüche.

Das Gerangel um Position und die Findung einer Zuweisung verschlingt sehr viel jugendliche Energie und Zeit und stellt eine hohe Priorität dar. Schulische Konflikte entstehen nicht selten, wenn die von zu Hause vorgesehene Rolle in der Schule nicht durchführbar ist.

Niklas' Vater ist Universitätsprofessor und ständig auf Tagungen und Symposien, er verbringt wenig Zeit mit der Familie, die neben Niklas auch noch die jüngere Schwester Lisa umfasst. Niklas' Mutter ist Hausfrau. Ihren Ehrgeiz und ihre Energien lenkt sie primär auf Niklas, auf den sie sehr stolz ist. Aus einem ländlichen Gebiet nach Wien übergesiedelt, hat sie eine Reihe von traditionellen Haltungen und Vorstellungen mitgebracht, die in der Volksschule noch auf keinen Widerstand stoßen. Der stets höfliche, adrett gekleidete kleine Kavalier Niklas ist bei der Volksschullehrerin, einer älteren Dame, genauso ein Liebling wie zu Hause.

Das ändert sich im Gymnasium. Hier herrschen rauere Sitten, Niklas ist nun nicht mehr das Musterkind seiner Klasse, sondern in Gefahr, als etwas lächerliche, verweichlichte Figur dem Spott einer aggressiveren Jungenkategorie ausgesetzt zu sein. Er erkennt dies schnell. Nach einigen Monaten des Leidens und Ausgeschlossenseins gelingt es ihm, sich mit den zwei wildesten, frechsten Schülern der Klasse anzufreunden. Um ihn zu akzeptieren, verlangen sie ihm Mutproben ab, die ihn bald in Konflikt mit den Lehrern bringen.

Niklas' Mutter ist entsetzt und fassungslos. Es dauert ein halbes Jahr, bis die Lehrer sie überhaupt davon überzeugen können, dass ihr Sohn in der Schule Probleme bereitet und nicht bloß das unschuldige Opfer gemeiner Anschuldigungen wurde. Ihre Besuche in der Schule und ihre Interventionen, ihre Verteidigung seines Verhaltens haben bei Niklas zur Folge, in der Schule noch auffälliger zu werden, denn ihr häufiges Kommen und Gehen in den Sprechstunden ist ebenfalls Anlass für den Spott der Klasse, und er muss sich von ihr distanzieren.

Niklas wird zu einem echten Problemkind. Manche Lehrer haben Verständnis für seine Situation, andere finden seine ständigen Störungen des Unterrichts ärgerlich und mögen ihn nicht. Es ist auch nicht leicht für ihn, die ständige Enttäuschung und das Unglück seiner Mutter zu spüren. Aber er sieht keinen Ausweg. Das Risiko, erneut von den dominanten Jungen der Klasse abgelehnt und gequält zu werden, ist einfach zu groß. Er muss sich ihnen anschließen, auch wenn es eigentlich seiner Persönlichkeit widerspricht und die Situation ihm schulische, soziale und private Probleme bereitet und einen Bruch in seiner Persönlichkeitsentwicklung darstellt.

Dieser Fall, der aus unserer vierjährigen Beobachtung von Schulklassen entnommen ist, stellt so etwas wie einen Archetyp dar. Abertausende Jungen befinden sich in derselben Situation wie Niklas. Von ihrer Veranlagung her sind sie eher ruhige, etwas introvertierte Persönlichkeiten, vielleicht mit einer künstlerischen Ader. Sie sind verträglich, gescheit und zwischenmenschlich angenehm.

Im Gymnasium stoßen sie dann aber auf einen alternativen »Männlichkeitsentwurf«, der ein machohaftes, angeberisches, gewaltbereites Auftreten verlangt. Dies ist eine absolute Minderheitenposition, die in der Regel von nur zwei oder drei Schülern in einer Klasse verkörpert wird. Diesen Jungen kommt aber, infolge der Dynamik der Gruppe und des Versagens der Erzieher, eine enorme, ungebührende und mitunter sehr destruktive Rolle zu. Sie werden zu den »Platzhirschen« der Klasse. Da ihr Vorbild unwidersprochen bleibt und sogar die Lehrer ihnen gegenüber oft hilflos erscheinen, wirken sie auf die anderen tatsächlich als Vorbild einer erfolgreichen, potenten Männlichkeit.

Die anderen Jungen sind gezwungen, Strategien im Umgang

mit ihnen zu entwerfen. Manche finden ihr Verhalten dumm und bilden eine Gegenclique. Wenn diese Gruppe zahlenmäßig und psychisch stark genug ist – und je nach dem generellen sozialen Milieu der Schule –, kann die Mehrheit der Jungen dann hier ein normales Zuhause finden und die Platzhirschen als teils lästige, teils unterhaltsame Randerscheinung erleben. In anderen Fällen schwimmen die restlichen Jungen mehr oder weniger zustimmend im Sog der Anführer – ein passiv applaudierendes Publikum für ihre Streiche und Frechheiten.

Ohne Übertreibung können wir feststellen, dass das uneingeschränkte Wirken dieser »Platzhirschen« zu den größten Problemen männlicher Kinder und Jugendlicher gehört. LehrerInnen und andere Erwachsene sind oftmals hilflos im Umgang mit solchen aggressiven Jungen, was deren Prestige in der Peer-group nur weiter erhöht. Nicht selten geben Erwachsene und Erzieher ihnen ungebührend viel Aufmerksamkeit und Raum, teils aus Hilflosigkeit, teils in vergeblichen Disziplinierungs- und Diskussionsversuchen, teils aber auch infolge einer verhängnisvollen Identifizierung mit der Art von Männlichkeit, die diese Jungen vertreten.

Umgang mit körperlichen und emotionalen Veränderungen

Dass ihr Aussehen, ihr modisches Geschick und ihre körperliche Entwicklung für Mädchen während der Adoleszenz sehr wichtig sind, ist bekannt. Für Jungen verhält es sich nicht anders. Das modische Erscheinen, die Frisur und andere Äußerlichkeiten dieser Art nehmen gebührlichen Raum ein.

Diese Aspekte sind noch relativ durchschaubar und nachvollziehbar für den jeweiligen Jungen, er kennt die Trendsetter in seiner Schule, kann sich für die eine oder andere Modeströmung entscheiden, sich anpassen oder konträr verhalten und abschätzen, welche Konsequenzen das haben wird. Er kann Anerkennung erhalten, indem er ein Prestigekleidungsstück erwirbt, oder er kann als eine Art Mutprobe versuchen, ganz anders als der Rest der Klasse aufzutreten, zum Beispiel als Einziger in Skaterhosen erscheinen und ausprobieren, ob ihm diese Art von Aufmerksamkeit gefällt.

Die emotionale Seite ist viel schwieriger. Empfindlichkeiten, Unsicherheit, innere Aufwühlung, teils tief greifende Konflikte zwischen eigenen Urteilen und Empfindungen und dem, was die Gruppe zu meinen scheint, sind belastend und für das einzelne Kind schwer sortierbar. In dieser Phase suchen viele, vielleicht die meisten jungen Männer Anonymität und Schutz hinter einer Fassade von Gleichgültigkeit. »Cool sein« ist eine Generalantwort auf fast jedes auftretende Verhaltensdilemma.

Die geschlechterpsychologische Diskussion darüber, wie wenig optimal diese Fassade für Männer in ihrem späteren Leben und in ihren Beziehungen ist, ist bekannt. Die Devise, sich auf keinen Fall irgendeine Emotion außer vielleicht Zorn anmerken zu lassen, beginnt in der Pubertät zu greifen. In Mittelschichtschulen ist auch Zorn nicht mehr besonders akzeptabel, man signalisiert coole Erhabenheit durch Ironie, Sarkasmus, einen spöttischen Umgang miteinander und verbales, versucht-cleveres, halbscherzhaftes gegenseitiges Niedermachen. Dieser Umgang betrifft fast nur die Jungen, die Mädchen pflegen in dieser Zeit einen empathischen, intimen Umgang mit hoher (wir meinen, zu hoher, doch das ist hier nicht unser Thema) Betonung der Gefühle und Empfindungen.

Hier findet in der Jungenbetreuung ein sehr entscheidender, nur schwer zu erklärender Fehler statt. Während in der Mädchenarbeit zumindest versucht wird – nicht immer gelingt es –, die typischen Defizite und Verzerrungen der traditionellen Mädchensozialisation aufzuwiegen durch gezielte Gegenangebote, verstärkt die Jungenarbeit meist den defizitären Weg. In der Mädchenarbeit wird beispielsweise davon ausgegangen, dass Mädchen zu wenig Selbstvertrauen in technischen Dingen haben oder dass sie körperlich zu zaghaft sind. Es werden ihnen daher Angebote gemacht, die das ausgleichen sollen: Reparaturkurse, Karatekurse usw.

Bei den Jungen wissen wir, dass die Bereitschaft zur körperlichen Verausgabung, der Reiz des Abenteuers und des Risikos sehr ausgeprägt sind. Sie erfordern eigentlich keine weitere Verstärkung. Ihre Defizite liegen im Bereich der Selbstwahrnehmung, der Bereitschaft, eigene Grenzen und die Grenzen anderer Menschen zu erkennen und zu respektieren, ein Innenleben zu entwickeln, Emotionen zuzulassen und Ähnliches.

Sehr oft haben wir in den Jahren unserer Schulbeobachtung miterlebt, dass die Mädchen es den Jungen »ersparen«, die vermeintlich niedrigen »weiblichen« Tätigkeiten ausüben zu müssen. Sie bieten sich freiwillig an, für die Knaben den Tisch abzuservieren, aufzuräumen etc. Hinter dem »Wir können das besser, lasst das lieber«, mit dem die Mädchen ihre Hilfeleistungen erklären, schwingt Ambivalenz mit: Sie können es besser, aber das, was sie besser können, ist nichts wert, ist eine niedrige Arbeit. Ihre Sätze sind nicht vergleichbar mit dem parallelen Angebot der Jungen, für die Mädchen ein Computerprogramm zu laden.

Hierin liegt das Dilemma der Jungenarbeit: Auf den ersten Blick erscheint es wenig erhebend, sich die Fertigkeiten der Frauen anzueignen. Wozu auch? Es sind dienende, helfende, emotional mit Schwäche assoziierte Fertigkeiten. Sie können einen lediglich in die Position versetzen, dass man dann Arbeiten verrichten muss, die man gar nicht verrichten will.

Es ist durchaus möglich, diese Barriere zu überwinden, aber es erfordert ein Konzept. Und es erfordert auch Zeit, Gewöhnung und Beharrlichkeit. In einer von uns besuchten Schule dauerte es fünf Jahre, bis der Mädchen-Jungen-Tag protestfrei und erfolgreich ablief. Das ist, gemessen an der Tiefe der betroffenen Einstellungen, nicht wirklich lang. Es erforderte weiterhin die aufrichtige Unterstützung des Lehrkörpers und glaubwürdige Träger.

Ein Lehrer, mehrfacher Vater, betreute einen Vater-Schwerpunkt, der auf große Resonanz stieß. Seine diesbezügliche Arbeitsgruppe führte drei Aktionen durch: Sie beobachteten Vater-Kind-Interaktionen auf einer Einkaufsstraße, gingen dann gemeinsam in eine Drogerie und füllten einen Korb mit den Dingen, die man für einen Säugling brauchen würde, und unterhielten sich anschließend über ihre eigene Vaterbeziehung.

Was die Tätigkeiten im Haushalt anbelangt, so sind sie ein scheinbar trivialer und dennoch sehr bedeutsamer Schwerpunkt. Viele späteren Beziehungen verlaufen sich in Endloskonflikten über die Frage der Arbeitsteilung zwischen der mehrfach belasteten berufstätigen Frau und dem nur sehr sporadisch missmutig »helfenden« Mann. Dieser Zustand, der viele heutige Ehen prägt und unerfreulich macht, wird nicht haltbar bleiben, da nachrückende Frauengenerationen mehr Partnerschaftlichkeit erwarten. Eine Neutralisierung dieser Arbeiten ist zielführender als das fortdauernde Bemühen, Männer zu willigeren »Helfern« der eigentlich zuständigen Frauen zu machen.

In skandinavischen Schulen wird dies erreicht durch den Schwerpunkt »Selbstversorgung« im Rahmen des Schulunterrichts. Die elementaren Fertigkeiten einer eigenständigen Haushaltsführung werden vermittelt und von den Kindern, da sie sich eine baldige Anwendung zum Beispiel im Studentenheim gut vorstellen können, sehr positiv aufgenommen.

Die gravierendsten Fehler beobachteten wir im Umgang mit den emotionalen Bedürfnissen von Jungen in der Adoleszenz. Zwischen unserem theoretischen und ideologischen Konsens darüber, dass das althergebrachte Bild des gefühlskalten, gepanzerten

Mannes nicht mehr gelten soll, und dem realen Umgang mit Jungen in dieser sehr verletzlichen und sensitiven Lebensphase schwebt ein Abgrund. Viel zu früh werden junge Männer aus der Fürsorglichkeit ihrer Erzieher entlassen. In einem Alter, in dem sie gefühlsmäßig besonders bedürftig sind, werden sie aus allen verfügbaren Nestern gestoßen.

Bezüglich der emotionalen Stützung gibt es Rückmeldungen aus Projekten, die mit einem kontrastereotypen Aufbau viel Erfolg haben, was im Übrigen nicht wirklich verwunderlich ist. Ein angenehmes Umfeld ist schöner als ein unangenehmes, eine freundliche Behandlung besser als eine grobe. Nur wer sehr von seinen Geschlechtsrollenstereotypen geblendet ist, kann das erstaunlich finden.

Bei Mädchenprojekten ist es üblich, zunächst ein angenehmes Ambiente und ein generelles Sicherheitsgefühl und Wohlbefinden zu schaffen. Ein Raum mit bequemen Sitzgelegenheiten wird eingerichtet, es gibt Getränke und Snacks und die Möglichkeit, die Hektik hinter sich zu lassen und zu erkennen: Hier ist ein externer Raum, in dem ich sicher bin.

Wo auch den Jungen zunächst ein angenehmer Raum für ein ruhiges Zusammensein geboten wird, sind die Erfolge größer. Betreuer berichten, dass die Jungen es keinesfalls lächerlich finden, sondern sehr darauf ansprechen, wenn auch sie sich ein einladendes Ambiente für ihr Zusammensein schaffen dürfen. Das schafft eine Atmosphäre häuslicher Geborgenheit, für die sie keineswegs zu alt oder zu abgebrüht sind.

Es ist immer wieder erstaunlich, wie sehr Veranstaltungen, die Klischees bekämpfen wollen, selber ins Klischee fallen. Immer wieder konnten wir miterleben, dass den Mädchen ein kuscheliger Raum für ihre Zusammenkünfte geboten wurde, während die Jungen sich einfach irgendwo auf einen harten, staubigen Boden setzen sollten. Die Botschaft ihrer Betreuer: Ihr seid hart. Ihr kümmert euch nicht um Äußerlichkeiten. Euer wahres Zuhause ist der Holzboden im Turnsaal, der Zementboden im Werkraum. Ein solches Ambiente erzeugt unweigerlich den dazugehörigen Habitus: ungehobeltes Benehmen, rauer Ton. So mancher angeblich ganz alternativer, aufgeschlossener, antisexistischer Jungenbetreuer ist in seinem tiefsten Inneren offenbar auch heute noch davon überzeugt, dass eine heiße Kanne Tee, ein Teller mit Kuchen und bequeme Sitzgelegenheiten nicht jungengerecht, sondern Weiberkram sind.

Umgang mit dem anderen Geschlecht und mit Geschlechtlichkeit an sich

Das, was generell unter sexueller Aufklärung geboten wird, erweist sich bei neutraler Betrachtung als eher seltsame Auswahl. Es handelt sich um eine Art Ansammlung von Themen, die in den letzten Jahrzehnten relevant waren und nun zu einer kuriosen Kollektion von quasi-sexuellen Randinformationen mutiert sind. Der Zentralbereich, der alle am meisten interessieren würde und nützlich sein könnte, wird ausgespart. Wie verhalte ich mich in den tatsächlich zu erwartenden intimen Situationen? Was mögen Mädchen beziehungsweise Frauen, und was mögen sie nicht? Welche Signale sollten beachtet und können leicht missverstanden werden? Wie entziehe ich mich graziös aus einer schlecht laufenden sexuellen Situation?

Diese und andere praktische Fragen bleiben den Jugendzeitschriften und den dubiosen Auskünften der Peer-group überlassen. Stattdessen servieren wir den jungen Leuten, frisch aus den 50er-Jahren, medizinisch-hygienische Themenstellungen. Man lernt viel über die Menstruation, nur auch da nicht das Wichtigste, dass es nämlich im Jahr 2000 endlich mal an der Zeit wäre, ohne Scherze und Peinlichkeiten einen in Wirklichkeit nicht sehr aufregenden körperlichen Vorgang so zur Kenntnis zu nehmen, dass er die halbe Bevölkerung betrifft und unseren Fortbestand als Spezies garantiert. Nach dem obligaten Film über Menstruation kommen dann noch Infos über sexuelle Erkrankungen und als aktuelle Beigabe Schwerpunkte über Aids und Kondome.

Entwicklung von Werten und Zukunftsbildern

Die Adoleszenz ist eine auf die Zukunft gerichtete Zeit. Mehr als in jüngeren Jahren erleben die Betroffenen ihre Situation als Übergang. Das Bewusstsein der Dinge, die sie schon tun möchten, vielleicht schon tun könnten, aber noch nicht tun dürfen, ist sehr ausgeprägt. Spekulationen und Pläne, wie man das eigene Leben gestalten möchte, wie man seine Zeit verbringen und seine Ressourcen einsetzen, sein Geld ausgeben und seine Tage gestalten würde, wenn man nur schon könnte, nehmen viel Raum ein.

In ihrer Lebensplanung werden Jungen und Mädchen ermuntert, gemäß nicht mehr realitätsnahen Gegebenheiten zu denken. Mädchen werden ungenügend auf ihre Optionen hinsichtlich Ausbildung und Beruf beraten, dafür darin bestärkt, sich unproportionalen Phantasien über ihr künftiges Liebes- und Familienleben hinzugeben. Und Jungen werden nicht darauf vorbereitet, eine ausgewogenere Verbindung von Familien- und Berufsleben zu visualisieren.

Erfolgreiche Modelle

Die Ansätze für Jungenarbeit, die uns am erfolgreichsten schienen und auch von den Beteiligten am positivsten eingestuft wurden, teilten folgende Merkmale:

Sie hatten einen praktischen Fokus, der zwar eine neue Diskussionskultur beinhaltete, aber Handeln an erste Stelle setzte. Sie deckten die oben angeführten vier Schwerpunkte ab. Sie hielten nicht rigide an der Order fest, dass Adoleszenzbetreuung mit iranisch-fundamentalistischer Strenge geschlechtsgetrennt praktiziert werden muss. Ferner wurden sie von einem gemischten Team betreut, das ein Gesamtkonzept für die Entwicklung der Jugendlichen im Rücken hatte.

Reine Jungengruppen gewinnen schnell eine Automatik, die entspanntes Sprechen, ernste Auseinandersetzung mit einem Thema und vom Stereotyp abweichendes Verhalten nicht gut duldet, sondern sich in der Zurschaustellung einer übertriebenen Lässigkeit erschöpft. In einer gemischten Gruppe wird diese Dynamik besser neutralisiert. Damit soll nicht gesagt werden, dass Jungen generell nicht in der Lage wären, miteinander zu sprechen, einander zuzuhören oder dergleichen. Das trifft nicht zu. Sie können es, wie wir während unserer Beobachtungen immer wieder feststellen konnten. Freiwillig, das heißt in ihrer Freizeit, in Pausen oder nach der Schule, tauschten Jungen sich in einem überraschenden, sozial sehr kompetenten Maße über alle möglichen persönlichen, familialen und schulischen Belange aus, ohne zu spotten, sich zu profilieren oder sonst wie negativ zu werden. Sie können dies zu zweit, zu dritt, auch in größeren Gruppen. Nur die formale Situation »Jungengruppe« ist diesem Ziel nicht zuträglich, gewinnt fast unweigerlich eine Eigendynamik, die auch den meisten betroffenen Jungen nicht angenehm ist.

Die Ziele einer konstruktiven Jungenarbeit können wir zusammenfassend wie folgt beschreiben:

Die Jungen sollten lernen, ihren Körper und dessen Empfindungen und Grenzen wahrzunehmen und zu respektieren, statt immer nach dem Leitsatz »Hart im Nehmen« zu agieren. Ein »richtiger Junge« ignoriert auch heute noch sportliche Verletzungen, bagatellisiert und lacht über die Verletzungen und Empfindlichkeiten anderer.

Es gibt eine Reihe von Ansätzen, dieser Tendenz entgegenzuwirken. Wir empfehlen vor allem, gruppendynamische Selbsterfahrungsansätze zu vermeiden, da sie sehr leicht schief gehen und dann, vor allem bei einer Gruppe wie einer Schulklasse, die als Zwangsgemeinschaft weiterbestehen muss, großen Schaden hinterlassen können. Mitunter wurde uns als »Erfolg« gemeldet, dass bei einer Gruppensitzung ein Junge oder auch mehrere geweint hätten. Aufgesetzt auf die sonstige Alltagssituation ist ein solches Ereignis nicht unbedingt positiv. Das Ziel liegt vielmehr in einer behutsamen Sensibilisierung. Das gelingt besser, für diese Altersgruppe sicherer und für diese soziale Situation (Schule, unfreiwillige oder nur halbfreiwillige Teilnahme) fairer, wenn es mit einer Aufgabenstellung kombiniert ist.

Sehr gut hat sich zum Beispiel der Einsatz von Jungen in einem Kindergarten bewährt. Die Aufgabe, dort ein Kind zu beobachten und mitzubetreuen, bietet die Gelegenheit, auf Gefühlswelten einzugehen. Jeder Schüler bekommt ein Kind zugewiesen, mit dem er sich beschäftigen kann, dessen Verhalten und Befindlichkeit er beobachten soll, dem er bei Problemlösungen behilflich ist und zu dem er eine Beziehung aufbaut; die Identifikation mit »seinem« Kind erfolgt meist sehr rasch. Diese Aktion wird von Jungen besonders gut aufgenommen, sie haben erfahrungsgemäß schnell einen guten Draht zu den »Kleinen« hergestellt.

Jungen sollten lernen, die persönlichen Grenzen ihrer Mitmenschen wahrzunehmen und zu achten. Am unmittelbarsten praktizierbar in der Schule ist dies in den Interaktionen mit Mädchen. Mädchen haben andere Empfindlichkeiten, ein anderes Körpergefühl und andere Kommunikationsformen. Ein Scherz, der unter Jungen als lustig gilt, kann von den Mädchen als schwere Beleidigung aufgefasst werden.

Jungen sollten in die Lage versetzt werden, gruppendynamische Abläufe besser zu durchschauen. Welche persönlichen Probleme und Bedürfnisse stehen hinter einem aggressiven, einem kasperlhaften, einem cliquenhaften Verhalten? Wie können diese alternativ und besser abgefangen werden?

Zu diesen gruppendynamischen Prozessen gehört die Geschlechterinteraktion. Die große Bandbreite von Distanz und Interessensunterschieden zwischen Mädchen und Jungen, über kameradschaftliche Zusammenarbeit in der Klasse bis zu geschlechtsneutralen Freundschaftsbeziehungen und ersten Regungen emotionaler und sexueller Art ist in dieser Altersklasse vertreten. Sie zu sortieren, richtig einzuordnen und in jeder Situation eine passende Verhaltensweise zu kennen, wäre ein sehr wichtiges Ziel.

Dieser Themenkomplex ist sehr zentral und verdient viel Raum. Dazu gehören auch die unerfreulichen sexuellen und quasi-sexuellen Übergriffe von Jungen auf Mädchen, die in vielen Schulen berichtet werden. Zu den Vorkommnissen, die uns aus öffentlichen Wiener Schulen gemeldet wurden, zählen: ordinäre Graffiti über namentlich genannte Mädchen in den Toiletten; Beschmieren der Schulbücher und Hefte von Mädchen mit extrem ordinären Ausdrücken; körperliche Angriffe auf Mädchen in den Mädchen-WCs, wohin ihnen die Jungen gefolgt waren; Begrapschen der Mädchen einzeln oder durch eine ganze Clique von Jungen, die sich ein einzelnes Mädchen vornahm; Wegnahme von Kleidungsstücken der Mädchen; Entblößungen der Jungen vor den Mädchen; Festhalten der Mädchen und Vortäuschung des Geschlechtsaktes; Stoßen, Schlagen, Bespucken etc. der Mädchen in der Schule oder auf dem Heimweg.

Aus Peinlichkeit und aus Unsicherheit, wie damit umzugehen wäre, entsteht eine häufig erschreckend hohe Toleranz für solche Vorfälle. Die Maßnahmen, die ergriffen werden, bestrafen mitunter die Mädchen: Sie werden zum Beispiel angewiesen, die Pausen in der Nähe des Hausmeisters zu verbringen, damit dieser sie beschützend im Auge behalten kann. Das ist gut gemeint, kommt aber einer unverdienten Freiheitseinschränkung gleich, während die »Täter« weiterhin das gesamte Terrain beherrschen dürfen. Das Dulden dieser Verhaltensweisen ist für die Mädchen unzumutbar, aber auch für die Jungen keineswegs günstig.

Parallel zu diesen Vorfällen ist zu beobachten, dass auch an sich freundlich gemeinte »Kontaktanbahnungen« schief laufen können, weil die Betroffenen kein entsprechendes Verhaltensrepertoire besitzen. Wie wirke ich auf das andere Geschlecht? Wie beginne ich ein Gespräch? Wie gehe ich mit Ablehnung um? Was geht in Mitgliedern der anderen Geschlechtsgruppe gerade vor? Wie sortiere ich meine eigenen Gefühle? Wie unterscheide ich zwischen freundschaftlicher Sympathie und Liebe? Welche Erwartungen sollte ich und welche sollte ich auf keinen Fall in diesem Alter mit einer Beziehung verbinden?

Das sind Fragen, die in der Adoleszenzbetreuung von Mädchen routinemäßig gestellt werden und für Jungen mindestens genauso wichtig, eher noch wichtiger sind. Mädchen haben eine Vielfalt an anderen Informationsquellen über diese Themen, Jungen haben kaum welche. Für sie ist es auch sehr wichtig, diesen Aspekt vom letztgenannten Punkt zu unterscheiden.

Erstaunlich oft hörten wir von mitfühlenden männlichen Lehrpersonen als Rechtfertigung für teils sehr massive Angriffe auf Mädchen, das seien eigentlich nur unbeholfene Äußerungen des Interesses an diesem Mädchen beziehungsweise an Mädchen generell. Wenn wir die Vorfälle und deren Beteiligte genauer studierten, erwies sich diese Erklärung als völlig falsch. Aggressive Impulse gegen Mädchen waren ein deutlich getrenntes Phänomen mit gänzlich anderem Motivationshintergrund, die Akteure waren andere und die Abläufe waren anders. Gewalt, Bedrohung, Beleidigung und Aggression sind keine Artikulationsformen für sexuelles Interesse, und es ist mehr als verhängnisvoll, wenn männliche Leitfiguren aus falsch verstandener Empathie eine solche Verwechslung begünstigen.

Nicht vernachlässigt werden sollte die »neutrale« Komponente der Geschlechterinteraktion. Nachdem die bei früheren Jahrgängen oft ausgeprägte Tendenz zu einer Geschlechtertrennung ab 13 oder 14 Jahren deutlich geringer wird, wäre Raum für die Begünstigung einer kooperativen Interaktion. Gemischte Arbeitsteams geben beiden Seiten Gelegenheit, sich persönlich näher zu kommen, Verhaltensunterschiede zu beobachten und Ähnliches mehr. Hier sind Steuerungen in Form vorgegebener Aufgaben nötig, damit eingefahrene Muster nicht automatisch abrollen.

Ein Beispiel: In einigen Schulen gründeten SchülerInnen eigene »Firmen«, um Geld zu verdienen und den praktischen Kommerz kennen zu lernen. Das konnten Firmen sein, die die Aufgabenbetreuung jüngerer SchülerInnen übernehmen oder sonstige altersgerechte Dienste erbringen. Es zeigte sich aber, dass die Aufgabenverteilung sehr rollenkonform ablief: Die Mädchen waren sofort die »Sekretärinnen« der Firma, die Jungen der Vorstand. Da diese Verteilung den Talenten der Mädchen nicht entsprach, blieben sie im zweiten Durchlauf generell dem Projekt fern. Hier wurde die Chance vertan, die traditionelle Arbeitsteilung entweder gleich zu thematisieren und den Kindern klarzumachen, was und warum hier ablief, oder sie von vornherein abzuwenden, indem Positionen nach sachlicher Diskussion, per Verlosung oder, besser noch, im Rotationsverfahren vergeben wurden.

Die Jungen sollen ein Rüstzeug für den Umgang mit schwierigen, unangenehmen und stressigen Situationen erhalten. Wie stelle ich mich dar, wie argumentiere ich einen Standpunkt, wie reagiere ich auf einen ärgerlichen Vorfall, wie entschuldige ich mich für einen Fehler – das sind Alltagssituationen, für die, wie wir beobachten konnten, sehr viele Jugendliche kaum eine Orientierung besitzen. In Ermangelung besserer Vorlagen kopieren sie sich gegenseitig, das heißt in der Praxis, sie kopieren die dominanteren Mitglieder ihrer Peer-group. Diese sind nicht unbedingt das beste Vorbild.

»Gehören« die Jungen den Männern?

Weit verbreitet ist die Meinung, Jungenarbeit müsse unbedingt von einer männlichen Person geleistet werden. Das ist vielerorts ein gravierender Stolperstein, weil sich kein Mann findet, der diese Arbeit übernehmen möchte oder der sich diese Aufgabe zutraut. Die Konsequenz: Es gibt dann keine Jungenarbeit. Damit unzufrieden, üben die Frauen, die die Mädchenarbeit machen, mancherorts so viel moralischen Druck auf ihre männlichen Kollegen aus, dass sich einer oder zwei davon schließlich und zögerlich bereit erklären, das stagnierende Jungenpendant zu übernehmen. Die Kolleginnen oder die Schule schreiben diese Kollegen dann meist in einen Kurs ein, sie nehmen teil an einem Seminar über Selbsterfahrung, Gruppenarbeit oder Konfliktmanagement und ab geht die Post.

Das absolut typische Bild sieht so aus, dass es einen ausführlichen, von engagierten und aktiven Frauen erkämpften und schließlich durchgesetzten Mädchenschwerpunkt gibt, und als schwachbrüstige Fußnote dazu, anhängselhaft, ein Jungenprogramm. Wenn wir dann die Entstehungsgeschichte studieren, ist die Ursache dafür klar: Nicht das unterschiedliche Interesse der Kinder, nicht die ungleiche Wichtigkeit der Inhalte, nicht die einseitige Kooperation von Schulverwaltung oder Eltern liegen dem Unterschied zugrunde, sondern die Mädchenarbeit hat einen starken Motor und die Jungenarbeit läuft unter »ferner liefen« mit, weil sie keine vergleichbar dezidierten Fürsprecher hat.

So verhält es sich im Übrigen bei allen Fächern, die neu oder umstritten sind. Wenn der Informatikunterricht in einer Schule besonders gut läuft, dann gab es meist schon früh eine computerbegeisterte Lehrkraft, die mit viel Eigeninitiative für dieses Fach kämpfte. Latein überlebt am längsten dort, wo eine Lehrkraft diese Sprache liebt, sie gut unterrichtet und SchülerInnen dadurch animiert, es als Fach zu wählen. Usw.

Faktum ist in der Adoleszenzarbeit, dass sich in vielen Schulen feministische Frauen finden, die dieses Thema für sehr wichtig erachten und bereit sind, sich dafür einzusetzen. Hinter der Mädchenarbeit steht eine soziale Bewegung, die eine Fülle von Studien, Unterlagen und Fortbildungsangeboten produziert hat. Dieser Bewegung geht es um eine zeitgemäße, nicht geschlechtsstereotype Interaktion, um eine gleichberechtigte Gesellschaft und einen egalitären Umgang. Die Jungenarbeit hat darin eine natürliche Rolle und Heimat. Aber es gibt anscheinend zu wenig männliche Lehrkräfte, die sich aufgerufen fühlen, diese Inhalte zu transportieren. Dem verbreiteten Glaubenssatz zufolge aber müssen unbedingt Männer die Jungenarbeit leisten – aber stimmt das überhaupt? Woher kommt dieses elfte Gebot?

Plausibel klingt zunächst die öfters zitierte Absicht, die Jungen »dort abzuholen, wo sie sind«. Aber »sind« die Jungen in der Summe überhaupt dort, wo wir sie vermuten? Eine klischeefreie Befassung mit männlichen Jugendlichen zeigt uns eher, dass es ein sehr großes Dilemma für sehr viele von ihnen ist, dass sie eben *nicht* dort sind, wo sie dem Stereotyp nach sein sollten. Sie sind nicht so sportlich, raufen und prügeln sich nicht so gut und gerne, sind nicht so cool etc., wie ihre Clique, ihr Vater oder die populäre Vorlage es von ihnen erwartet.

Die nicht stereotypen Jungen machen einen sehr großen Teil der Jungenpopulation aus. Untersuchungen, die sich speziell hiermit befassen, schätzen ihren Anteil sogar auf 60 bis 70 Prozent. Das Klischeebild von Männlichkeit lastet unangenehm auf ihnen und vermittelt ihnen das Gefühl, den Anforderungen nicht gerecht zu werden. Und nun soll ihnen auch noch die Jungenarbeit suggerieren, dass sie eigentlich kleine Versager sind, wenn Sport nicht ihr Lebensinhalt ist, sie sich nicht sofort kämpferisch durchsetzen, Mädchen nicht ablehnen und nicht der Anführer einer Rowdybande sind. Das ist fast schon als grausam zu bezeichnen.

Die hier angeführten Motivationen und Ursachen für die Männerfixierung in der Jungenarbeit und die vielen dahinter stehenden Rivalitäten, Unsicherheiten, Ambivalenzen und Spannungen sind menschlich und politisch verständlich, aber es ist unfair und unproduktiv, diese Wirrnisse an den Kindern auszutragen. Die zugrunde liegenden Konflikte müssen die Erwachsenen untereinander und mit sich selbst ausmachen, die Kinder sollten – wie bei einem Ehestreit – nicht hineingezogen werden.

Niemand hindert Männer daran, sich in der emanzipatorischen Jungenarbeit zu engagieren. Ganz im Gegenteil. Es selber nicht tun zu wollen und gleichzeitig zu behaupten, andere könnten und dürften sie aber auch nicht übernehmen, ist ein absurder Standpunkt. Die Position mancher, vor allem deutscher Männerforscher, nur und ausschließlich Männer könnten mit Jungen arbeiten, und wenn sich spontan keine Freiwilligen fänden, dann müsse man die wenigen vorhandenen kostbaren Exemplare eben teuer und mühsam aus der Ferne anreisen lassen und sie mit vielen Anreizen dazu bewegen, sich gnädig zur Verfügung zu stellen, ist eine durchsichtige, eigennützige Manipulation.

Die Jungen brauchen eine gute, seriöse, verantwortungsvolle Adoleszenzbegleitung, und die Gesellschaft hat es nötig, dass alle jungen Leute eine solche durchlaufen. Wenn die Männer den Jungenteil nicht machen, nicht gut machen, nicht gerne machen, oder wenn eine Frau sich dafür qualifiziert und berufen fühlt, dann gibt es überhaupt keinen Grund, die Position abstrakt für Männer zu reservieren. Es ist im Gegenteil sehr ironisch, ausgerechnet in der Emanzipationsarbeit etwas zu tun, das in allen anderen Berufszweigen mittlerweile verboten ist: Frauen auszuschließen.

Männer in der Mädchenarbeit: Coaching als Erfolgsmodell

Umgekehrt ist eine engagierte männliche Beteiligung in der Mädchenarbeit insbesondere im angelsächsischen Raum längst üblich. Das ist besonders dort der Fall, wo kontrastereotype Inhalte zu vermitteln sind.

Nehmen wir das Beispiel Sport. Sportliches Engagement ist oft ein Schwachpunkt der Mädchen; sie trauen sich zu wenig zu, es fehlen ihnen Grundfertigkeiten und die Vertrautheit mit sportlichen Regeln, sie sind es nicht gewohnt, in einem Team zu agieren. Um sie zu motivieren und ihnen die relevanten Kompetenzen beizubringen, bräuchten sie eine sportliche Frau. Solche sind leider mitunter schwer zu finden, dafür fanden sich im angelsächsischen Raum zahlreiche Väter, Lehrer und andere Männer, die als Trainer für Mädchenteams eingesetzt werden konnten. Aus der Not geboren, hat sich diese Trainingsbeziehung als überaus wertvoll für alle Beteiligten erwiesen. Die Mädchen verbesserten sich nicht nur sportlich und im Teamverhalten, sondern profitierten auch von der Erfahrung wohlwollender männlicher Ermutigung für ihre Leistungen.

Rückblickend können wir sagen, dass gegengeschlechtliches Coaching in mancher Hinsicht sogar günstiger war als gleichgeschlechtliches. Männliche Coaches brachten andere Denk- und Verhaltensweisen mit, die für Mädchen teilweise ganz neu waren und von denen sie angeregt wurden und lernen konnten. Ein männlicher Coach vermittelte den Mädchen beispielsweise, dass es in männlichen Augen nicht »unweiblich« ist, wenn ein Mädchen Selbstbewusstsein, Konkurrenzgeist und Ehrgeiz zeigt. Umgekehrt gewannen die Trainer Einblick in spezifische Formen des weiblichen Reagierens und Verhaltens, die sie interessant fanden und die für viele eine produktive Rückkoppelung an ihre Arbeit mit Jungen brachten.* Viele Trainer merkten zum Beispiel an, erst die Arbeit mit Mädchen hätte ihnen nahe gebracht, dass die Rücksichtslosigkeit der Jungen gegenüber Verletzungen (eigenen und bei Teamkameraden) eigentlich nicht normal ist und eingedämmt werden sollte. Die Trainer halfen den Mädchen dabei, ihre Freude am energievollen Wettbewerb zu entdecken und Wettbewerb nicht automatisch als aggressiv und unweiblich zu bewerten.

Die Anwesenheit männlicher Trainer verhinderte darüber hinaus die Neigung zu etlichen unerquicklichen Interaktionen zwischen Jungen und Mädchen dieser Altersgruppe, wie zum Beispiel Spott, Abwertung und feindselige Rivalität; ihre schiere Präsenz reduzierte die Frontenbildung. Der männliche Trainer signalisierte den Jungen, dass ein Mann sich für die gesteigerten Leistungen von weiblichen Personen engagieren und sich mit ihnen identifizieren kann, dass er diese fördern und ihnen helfen kann. Ähnliche positive Funktionen kann die Beteiligung weiblicher »Trainerinnen« in der Jungenarbeit haben.

Über den Umgang mit »peinlichen« Themen

Damit soll nicht gesagt werden, dass es gar keine Themenstellungen gibt, die nicht besser in einem geschlechtshomogenen Rahmen abgehandelt werden sollten. Gerade für die betroffene Altersgruppe gibt es sogar eine ganze Reihe von Themen – keineswegs nur sexueller Natur –, die in einer gemischten Gruppe als schrecklich »peinlich« erlebt werden beziehungsweise die dann nur noch zu einer scherzhaften Abhandlung einladen. Es ist absolut kontraproduktiv und sollte auf jeden Fall vermieden werden, diese Gefühle zu ignorieren oder zu verletzen.

---

* Eine ausführliche Darstellung dazu findet sich in unserem Buch: *Wie aus Mädchen tolle Frauen werden,* München 2000.

Nicht immer schließen diese Gefühle die Erwachsenen mit ein, das heißt, es kann mitunter peinlich sein, ein bestimmtes Thema in Anwesenheit der gegengeschlechtlichen KlassenkameradInnen zu erörtern, während die Anwesenheit einer gegengeschlechtlichen Lehrkraft nicht stört. Manche Peinlichkeiten gibt es nur innerhalb der Peer-group.

Es ist wichtig, hier im Zweifelsfall eher konservativ vorzugehen, lieber zu vorsichtig zu sein als zu gewagt. Von Experimenten aller Art ist dringend abzuraten. Zu oft erlebten wir Fälle, in denen eine bestimmte Übung oder Aufgabe seitens der Lehrkraft unzureichend durchdacht, geplant und vorbereitet war und wo dann nach einer äußerst unerquicklichen Stunde das Gegenteil dessen erreicht worden war, was die Lehrperson eigentlich beabsichtigt hatte.

Noch gefährlicher ist die Tendenz vieler Lehrer, sich im Krisenfall schlagartig aus einer Situation zurückzuziehen. Wiederholt erlebten wir, dass Lehrer und Lehrerinnen, wenn sie sich von einer Situation oder einer plötzlichen Entwicklung überfordert fühlten, die Führung abrupt an die Schülergruppe abgaben und sich aus dem Geschehen herausnahmen. Wir haben erlebt, dass eine Jungengruppe sich plötzlich auf virulenteste, brutalste Art gegen einen der Teilnehmer wendete und dass der erwachsene Leiter schweigend am Rand saß und meinte, das solle nun »in der Gruppe ausdiskutiert« werden. Wir haben erlebt, dass gravierende physische Angriffe von Jungen auf Mädchen so »gelöst« wurden, dass die Mädchen die Jungen öffentlich »konfrontieren« sollten, dass diese Konfrontation aber völlig schief ging und die beiden Klassenlehrer nur verdutzt dabeisaßen, ohne einzugreifen. Für eine solche Abgabe der Verantwortung können quasi-gruppendynamische, gut klingende Rechtfertigungen geliefert werden, aber sie ändern nichts daran, dass ein solches Vorgehen unfair und ein gutes Ergebnis höchst unwahrscheinlich ist.

Vor jeder Übung sollte die erwachsene Lehrperson ein »Worst-case-Scenario« überlegen, das heißt, sie sollte überlegen, welche Lösung sich für sie und ihre Gruppe im Fall des Scheiterns anbietet. Selber flüchten und die Gruppe weiter ins Minenfeld marschieren zu lassen, ist für einen General kein ehrbares Vorgehen und für eine Lehrkraft auch nicht.

Die unstatthafte Umverteilung von Verantwortung auf die Kinder hat noch einen anderen Aspekt. Es ist wichtig, sich bei diffizilen und heiklen Themen nicht am eigenen Peinlichkeitsgefühl zu orientieren, sondern sich in die Lage der betroffenen Altersgruppe zu versetzen. Insbesondere aber ist es auch sehr wichtig, sich nicht leiten zu lassen von einer abstrakten Vorstellung darüber, wie die Reaktionen der jungen Leute sein *sollten*, sondern von den tatsächlichen Sensibilitäten der Kinder und auch von den eigenen auszugehen.

Weder in die eine noch in die andere Richtung sollte man sich hier etwas vormachen. Es hat keinen Sinn, sich an eine Themenstellung heranzuwagen, bei der man sich selber nicht absolut sicher fühlt und die man nicht gelassen abhandeln kann. Eigene Peinlichkeitsgefühle, selbst wenn sie irrational sind und man sich wünscht, man hätte sie nicht, müssen dennoch unbedingt respektiert werden. Und dasselbe gilt am anderen Ende des Spektrums für die Gefühle der Kinder. Auch wenn die Erwachsenen finden, dass irgendeine Frage heutzutage nicht mehr peinlich sein »sollte«, dass die Kinder besser dran wären, wenn sie ihre Scheu überwinden und in einer gemischten Gruppe frank und frei über Thema XY sprechen könnten, so kann das nicht mit Druck erreicht werden.

Nicht nur sexuelle Themen sind mit Peinlichkeit verbunden. Übungen, die eine Selbstdarstellung verlangen (wie sage ich »nein«, wie stelle ich mich vor etc.), gelingen oft besser, wenn es einen gleichgeschlechtlichen »Probelauf« gibt. Die geschlechtsspezifisch typischen Fehler und Marotten können so auch unbefangener herausgefiltert und besprochen werden. Wenn die Übung eine Interaktion betrifft, die im wirklichen Leben vor gemischtem Publikum stattfinden wird (wie mache ich eine gute Wortmeldung, wie bewerbe ich mich für einen Job etc.), sollte es aber unbedingt eine gemischte Wiederholung geben. Die Kommentare der Gesamtgruppe können, sofern die Stimmung konstruktiv bleibt, sehr nützlich sein. Den Jungen mag zum Beispiel auffallen, dass viele Mädchen zu leise sprechen oder unnatürlich viel kichern und lächeln. Den Mädchen können die Bluff-Posen der Jungen auffallen.

Mit Rollenspielen ist oft eher erreichbar, dass die Aufgabe ernst genommen wird. Das lässt sich machen, indem zum Beispiel die Jungen beziehungsweise die Mädchen sich vorstellen sollen, dass sie eine Firma sind, die Imageberatung anbietet, und dass sie heute eine »Klientin« oder einen »Klienten« auf ein wichtiges Vorstellungsgespräch vorzubereiten haben. Oder dass sie PressesprecherIn eines Politikers beziehungsweise einer Politikerin sind und diese(n) auf die Wahlkampagne vorbereiten.

Selbst wenn wir alle Themen zusammenrechnen, die Peinlichkeiten verursachen können, machen sie nur einen kleinen Bestandteil der Jungen- oder Mädchenarbeit aus. Der Großteil betrifft Themen, die aus dem täglichen Leben und Zusammenleben stammen. Je nach Lernziel und Stand der Gruppe können sie getrennt oder gemeinsam erarbeitet, getrennt vorbereitet und gemeinsam erörtert oder gemeinsam durchgenommen und getrennt ausgewertet werden.

Was sind nun die Inhalte der Jungenarbeit?

Die Jungen- wie auch die Mädchenarbeit unterliegt zwei tückischen Versuchungen. Die erste ist die Versuchung, in einer Aufwallung generalisierter Toleranz alles abzuhandeln, indem wir es relativieren. Die zweite ist die Versuchung, in einem pseudo-demokratischen Anfall die Initiative an die Kinder zu übertragen.

Diese Versuchungen teilt die Adoleszenzarbeit mit allen Lehrinhalten, die moderne und neue Werte transportieren. Anders als bei der Vermittlung von Fakten geht es bei diesen Inhalten um diffizile Fragen und darüber hinaus um solche, die bei unseren Zeitgenossen auch dann auf Ambivalenz stoßen, wenn es eigentlich schon längst einen gesellschaftlichen Konsens darüber gibt. Die Erwachsenen meiden eine Konfrontation, indem sie scheinbar keinen eigenen Standpunkt vertreten, sondern wie ein Talkshow-Conférencier nur den Standpunkten der anderen eine Plattform geben. Und ferner stehlen sich die Erwachsenen aus der Verantwortung, indem sie die diffizile Aufgabe, die Ambivalenz an die Kinder weitergeben. Das ist unfair und verurteilt das Unterfangen meist zum Scheitern.

Die Verführung liegt darin, eine lebhafte Diskussion bereits für ein Gütesiegel zu halten und zu meinen, man hätte das Lernziel erreicht, wenn man eine Klasse dazu gebracht hat, angeregt 45 Minuten lang über ein Thema zu sprechen.

Bei anderen Fächern machen wir diesen Fehler nicht. Es genügt uns nicht, wenn Kinder eine Stunde lang ihre persönliche Meinung über die Multiplikation zum Ausdruck gebracht haben, sondern wir wollen, dass sie die Multiplikationstafeln beherrschen.

Die Grundwerte der Adoleszenzarbeit sind alles andere als strittig oder geheimnisvoll. Sie bestehen aus Sätzen, die unsere Gesellschaft schon längst offiziell abgesegnet hat, wie zum Beispiel:

Jungen Frauen und jungen Männern sollen entsprechend ihren Interessen und Begabungen alle gesellschaftlichen Bereiche offen stehen. In der Familie ist ein gleichberechtigter, respektvoller, liebevoller gegenseitiger Umgang angesagt. Am Arbeitsplatz sollen Männer und Frauen kameradschaftlich und kollegial zusammenarbeiten. Chancen und Entlohnung sollen gemäß der Leistung gerecht verteilt werden. Hausarbeit und Kinderversorgung sind Sache beider Elternteile, insbesondere dort, wo beide Partner berufstätig sind. Sexuelle Annäherungen sind nur dort angebracht, wo das Interesse erwidert wird. Kinder brauchen engagierte Väter, und Männer haben mehr von ihren Kindern, wenn sie ihnen ein aktiver Vater sind.

Das sind nur ein paar Beispiele für die grundsätzlichen Feststellungen, die wir nicht jede Woche erneut herbeidiskutieren müssen. Sinnvoller ist es mittlerweile, dass wir uns gemeinsam um ihre konkrete Umsetzung bemühen.

Ein Baukasten für Kreative und Bastler

In diesem abschließenden Kapitel werden Impulse gegeben für praktische Übungen und Problemzugänge. Sie decken bewusst ein breites Spektrum ab und sind als erste Anregung gedacht. Obwohl die Grenzen fließend sind, eignen sich die ersten Übungen eher für die Schule und für Jugendprogramme, die späteren zusätzlich für die Familie. Dass viele der Übungen für Mädchen genauso relevant sind wie für Jungen, und für Erwachsene genauso wie für Jugendliche, lässt eine Grundeinsicht zu: Wir sitzen alle im selben Boot.

Übungen für Schule, Jugendarbeit und Familie

Tempo, Tempo

Dieser Schwerpunkt ist für Jungen sehr bedeutsam, kommt aber allen jungen Leuten (und auch allen Erwachsenen) zugute.

Viele Fehler – sowohl Sachfehler als auch grundsätzliche Fehler und Fehler in der Ausrichtung – entstehen durch übergroße Eile, durch Schlampigkeit, durch »Hudeln«. Im späteren Leben gehen viele Fehlentscheidungen darauf zurück, dass man sich nicht die Zeit genommen hat zu überlegen oder dass man unbedingt der oder die Erste sein wollte. In unserer Untersuchung über Scheidungsgründe war es ein zwar leichtsinniger, aber gar nicht seltener ursprünglicher Heiratsgrund der später Getrennten gewesen, dass sie in ihrer Clique als Erste verlobt und verheiratet sein wollten beziehungsweise dass die anderen schon verlobt und verheiratet waren und sie nicht nachstehen wollten.

Ist das Leben ein Wettrennen? Unseren Kindern gegenüber würden wir das vielleicht nicht offiziell bejahen, aber unsere Handlungen und Bewertungen suggerieren es deutlich. Welches Baby steht als Erstes, geht als Erstes, spricht als Erstes? Welches Kind braucht keine Windeln mehr, kann schon lesen, sich schon selbst die Schnürsenkel binden?

Was die Eltern beginnen, setzen die LehrerInnen fort. Sogar an einem Kindergartentag, der aus vielen Stunden und keinen dringenden Terminen besteht, wird Tempo groß geschrieben. »Tisch eins ist schon fertig, sie bekommen heute das Sternchen.« »Die Elisabeth gefällt mir, sie hat ihr Bild schon fertig gemalt.« Kinder übernehmen die Wertungen schnell, Prestige verteilt sich im Kindergarten danach, ob man noch ein Baby ist oder schon zu den »Großen« zählt.

In der Schule kommen dann echte Sanktionen hinzu. Wer die Rechenaufgaben in der vorgegebenen Prüfungszeit nicht erledigt hat, erhält eine schlechtere Note, auch wenn er alles weiß und den Stoff gut beherrscht. Dieser Zeitdruck ist eine Vorbereitung auf gar nichts, denn kein beruflicher Termin im Erwachsenenleben wird so gnadenlos durchgezogen. Nicht nur in den Noten, auch hierarchisch spielt Geschwindigkeit eine große Rolle. Wer die Hand am schnellsten oben hat, wird meistens eher aufgerufen als derjenige, der noch überlegt hat. Schnell reagieren ist gut, überlegen ist schlecht – eine äußerst verhängnisvolle Lektion für die Zukunft.

Lehrer kritisieren schlampige Arbeiten, aber sie fordern gleichzeitig dazu auf mit dem permanenten Zeitdruck, unter den sie ihre SchülerInnen versetzen.

Mädchen neigen tendenziell dazu, ihr Produkt ernster zu nehmen als Jungen. Sie verzieren ihr Blatt gerne, machen Zeichnungen, tragen Farben auf. Auch wenn LehrerInnen das loben, hat die Zustimmung einen ansatzweise bagatellisierenden Unterton: Natürlich, die Mädchen malen gern überall ein paar Blümchen hin. Ein Junge, der vielleicht auch einen Hang zu Ästhetik besitzt und sein Werk gerne optisch ansprechend und kreativ gestalten würde, sieht dazu keine Möglichkeit. Es wird als »typisch Junge« akzeptiert, dass er seine Antworten hinschmiert, ein zerknödeltes Papier einreicht und maximal irgendwelche halbordinären Graffitis dazugemalt hat. Eine sorgfältige, »schöne« Arbeit hingegen würde ihn nur dem Spott der Mitschüler aussetzen.

Jugendarbeiter beklagen die Grobheit und Ellbogentechnik ihrer Schützlinge, aber die meisten Freizeitaktivitäten, die sie anbieten, sind auf Sieg und die meisten Siege auf Geschwindigkeit ausgerichtet.

Die folgenden Übungen sind Vorschläge für alle, die den Zeitdruck gemeinsam mit ihren jungen Leuten reflektieren möchten.

Schummeln streng erlaubt

Die Lehrperson ruft eine(n) SchülerIn zur Wiederholung der letzten Stunde auf. Wenn er oder sie die Antwort nicht weiß, dürfen die anderen sie zuflüstern.

Dieses »Spiel« ist dazu geeignet, den Stoff mit einer ganzen Klasse zu wiederholen. Dass das Verbotene erlaubt ist, erhöht den Reiz. Es macht nichts, wenn die Kinder im Buch nachblättern – sie üben damit gleichzeitig das Nachschlagen und den Stoff. Ehrgeizige SchülerInnen werden trotzdem lieber selber die richtige Antwort wissen wollen. Die übrigen wiederholen auf diese Art wenigstens den Stoff.

Diese Übung sollte nicht entscheidend sein für eine Note, aber ein Plus kann nie schaden.

Aktion Spickzettel

Es gibt eine Prüfung – und Spickzettel sind erlaubt! Bücher dürfen nicht verwendet werden, aber alles, was die SchülerInnen verstecken können, dürfen sie während der Prüfung zu Rate ziehen. Voll gekritzelte Kaugummipapiere, Notizen auf der Handfläche, das alles ist an diesem speziellen Tag zugelassen.

Die Kinder lernen dadurch – ohne es zu bemerken –, wie sie am besten eine griffige Zusammenfassung, eine Summierung der Fakten anfertigen, denn auf dem Spickzettel hat nur das Wichtigste Platz. Dieses Destillieren von Fakten ist im Übrigen für das spätere Leben fast nützlicher als das Auswendiglernen, was später kaum noch gefragt wird – die Übung lässt sich also durchaus ausweiten bis hin zum gemeinsamen Verfassen von wirklich guten »Spickzetteln«, sprich Notizen.

Als Erweiterung der Übung kann man vorsehen, dass die Spickzettel nach dem Zufallsprinzip getauscht werden müssen.

Es entsteht dann ein interessanter Gruppendruck, leserlich und ordentlich zu schreiben, denn der Empfänger des Spickzettels wäre nicht besonders glücklich, wenn er die nützlichen Hinweise nicht entziffern könnte.

Auftragsarbeit

Oberstufen- und UnterstufenschülerInnen schreiben jeweils einen Aufsatz und lassen dabei auf jeder Seite einen großen Kasten frei für eine Illustration. Auf einem gelben Aufkleber notieren sie, was für ein Bild ihrer Ansicht nach am besten zu ihrer Geschichte passen würde (Kannibalen im Urwald, Raumschiffstation, Tiere im Zoo, Familie zu Hause etc.). Dann tauschen die Klassen ihre Hefte und fertigen für die jeweils Kleineren beziehungsweise Größeren die Illustrationen an. (Der Zeichenprozess muss von den Lehrpersonen beaufsichtigt werden, sonst kann diese Übung einen unerwünschten Ausgang nehmen.)

Der Zweck dieser Übung: Ab einem gewissen Alter ist es nicht mehr leicht, vor allem Jungen für spielerische kreative Gestaltungen zu gewinnen, obwohl ihnen die Tätigkeit, wenn sie irgendwie dazu gebracht werden können, gut gefällt. In diesem Auftrag finden sie die Freiheit zu zeichnen und zu malen, weil sie es für eine andere Altersgruppe tun. Es ist für die Größeren auch stressfrei, weil die Kleineren kaum ein sehr kritisches Publikum darstellen werden. Die Zeichnungen, die von den Kleinen für die Großen angefertigt werden, regen umgekehrt zu Überlegungen an: Wie hätten sie selber ihr Bild visualisiert?

Die nächsten Übungen haben den Schwerpunkt Gruppendruck zum Inhalt.

Mein Standpunkt

Markieren Sie mit einem breiten Tesa-Streifen eine etwa drei Meter lange Linie auf dem Boden. Bringen Sie dann mit dem Klebeband an einem Ende ein großes Plus- und am anderen Ende ein großes Minuszeichen an. Markieren Sie auch die Mitte mit einem Punkt. Wählen Sie irgendeine kontroverse Frage, von der Sie glauben, dass sich die Gruppe dafür interessiert (Führerscheinalter heruntersetzen, Samstagsunterricht abschaffen etc.).

Ein Schüler, der sich meldet, soll nun auf der Linie den Punkt finden, der am ehesten seiner Meinung entspricht (sehr dafür, sehr dagegen, keine Meinung) und sich dort hinstellen. Jetzt versuchen die anderen, seine Meinung zu ändern. Sie können das mit sachlichen Argumenten, mit unsachlichen Argumenten, mit Versprechungen, nur nicht mit Gewalt probieren. Nach fünf bis zehn Minuten sollte abgebrochen und diskutiert werden: Welche Druckmittel hat der Schüler besonders wirkungsvoll gefunden? Worauf hat er gar nicht reagiert? Warum? Was für ein Gefühl war es, von allen anderen »bearbeitet« zu werden?

Lebensqualität

Zu den hartnäckigsten und gnadenlosesten Stereotypen der männlichen Adoleszenz gehört die Vorstellung, dass jungen Männern an ihrer Umgebung nichts liegt, dass sie »hart im Nehmen« sind, dass Unbequemlichkeit und harte Kanten ihnen nichts ausmachen, dass sie am besten in ein cooles, kahles, graues Ambiente passen. Wahr ist das Gegenteil: Ihre kindlichen Anteile sind noch stark da, unter Zuspruch, Zuneigung und Zuwendungen blühen sie auf.

Jede Übung, die es ihnen irgendwie möglich macht, zu sich selber, zum eigenen Körper und zueinander nett zu sein, ist wertvoll. Gleichzeitig ist hier ein indirekter Zugang angesagt, weil

Peinlichkeitsgefühle in der Adoleszenz ausgeprägt sind, Bedürftigkeiten unter viel Bluff verschwinden und vieles »verblödelt«
wird.

Eine sehr gut geeignete und leicht zu realisierende Maßnahme
ist der Kochkurs. Junge Männer essen gerne: Jedes Unterfangen,
das mit Essen verbunden ist, verspricht Erfolg. Ein Kochkurs
kann auf unterschiedliche Art und Weise organisiert sein, je nach
vorhandener Infrastruktur und Ressourcen. Gibt es eine Kochgelegenheit, so kann nach einfachen Rezepten in Eigeninitiative
oder durch Engagement eines Lehrers, einer Lehrerin beziehungsweise auch von Eltern gemeinsam gekocht werden.

Falls sich die Schülergruppe aus unterschiedlichen Kulturkreisen zusammensetzt, sollte diese Gelegenheit unbedingt genutzt werden. Wichtig ist dann die Teamarbeit in Form einer gemischten Gruppe. (Wenn zum Beispiel nur türkische Schüler ein
türkisches Rezept kochen, ist die Gefahr gegeben, dass die Österreicher geschlossen die Nase rümpfen. Wenn hauptsächlich Österreicher mitgekocht haben, haben sie in die positive Rezeption
ihres Produktes investiert.)

Wichtig: Auf gar keinen Fall darf es die Möglichkeit geben,
dass irgendeine Mutti zu Hause kocht und das fertige Menü dann
in die Gruppe schickt. Das ist nicht der Sinn der Sache.

Ratsam: Die Aufgaben sollten jedes Mal neu verteilt werden.
Eine Gruppe besorgt die Bestandteile laut Rezept, eine andere
kocht, eine weitere räumt ab.

Muttertag

Für das Gelingen dieser Übung ist die Kooperation der Eltern
günstig. Zunächst muss jede Mutter einen typischen Tag lang protokollieren, was sie alles für die Familie macht (aufstehen, Frühstück bereiten, Pausenbrot schmieren, einkaufen, Geburtstagsge

schenk besorgen und verpacken, Wäsche waschen, bügeln etc.).
An einem vorbestimmten Tag übernimmt der Sohn unter ihrer
Anleitung all diese Tätigkeiten.

Besuch kommt

Tante Isabella und Onkel Gustavo, zwei liebe, aber schrullige ältere Verwandte aus Italien, kommen zu Besuch. Letzten Sommer
haben sie dich und deine Familie in ihrem Haus außerhalb von
Florenz toll bewirtet, nun kommt der Gegenbesuch. Der Raum
soll schön aussehen, bequem und kuschelig sein, und etwas Gutes
zu essen und trinken soll es auch geben.

Mit dieser Übung wird das Gestalten von Wohnlichkeit trai-
niert, und zwar leicht verfremdet durch ein Szenario, das es unter-
haltsam macht. Die Realisierungsform sollte der Gruppe ange-
passt werden. Wenn es in der Gruppe »Ulknudeln« gibt, können
diese die Rollen von Tante Isabella und Onkel Gustavo übernehmen. Wenn es eine friedfertige Gruppe ist, die man älteren Menschen zumuten kann, dann kann ein tatsächliches Großelternpaar
auf Freiwilligenbasis eingeladen werden. Bei einer Gruppe, die
man älteren Menschen lieber nicht zumutet, können Tante Isabella und Onkel Gustavo tragischerweise unterwegs verunglücken,
und das Festmahl muss ohne die beiden eingenommen werden.

Die Zahnbürste, und was noch?

Wir packen für eine Urwaldexpedition. Wir werden mindestens
ein Jahr lang weg sein von der Zivilisation, der nächsten Stadt.
Welche persönlichen Pflegeartikel nehmen wir mit?

Es macht nichts, wenn die Liste der Gruppe ins satirische Extrem ausschlägt. Sinn der Übung ist es, sich mit dem Gedanken der
Pflege und Bequemlichkeit des eigenen Körpers zu befassen.

Im Urwald

Die Expedition ist in letzter Minute in einen fürchterlichen Sturm geraten. Zwar konnten alle Teilnehmer sich lebend auf eine Insel retten, auch das Gepäck ist weitgehend intakt an Land gespült worden, aber der Inhalt der Koffer befindet sich in einem schrecklichen Zustand. Alles ist nass, schmutzig, zerrissen. Wie gut, dass das erste Basiscamp bestens eingerichtet ist! Dort kann alles gewaschen, getrocknet und gebügelt werden, auch die fehlenden Knöpfe können wieder angenäht werden, damit alle gerüstet sind für die Weiterreise in den tiefen Dschungel.

Diese Übung lässt sich am leichtesten in einem nahe gelegenen Waschsalon durchführen, der am besten nach Absprache mit dem Besitzer für zwei Stunden reserviert wird. Die Übung sollte mindestens zwei Wochen vorher eingeleitet werden, um zu gelingen. Mit der rechtzeitigen Kooperation der Eltern sollte jeder Junge zwei bis drei Kleidungsstücke mitbringen, bei mindestens einem davon sollten Knöpfe fehlen. Falls die Schule eine Theatergruppe hat, ist es alternativ dazu auch möglich, aus dem Fundus dieser Gruppe einen Wäsche- und Flicksack zu füllen, oder Eltern können abgetragene Kleidungsstücke spenden.

Die Gruppe begibt sich in den Waschsalon, wird in die Geheimnisse des farbgemäßen Sortierens eingewiesen, liest die Etiketten und erfährt, was die kleinen Symbole bedeuten (Temperatur, bei der das Kleidungsstück gewaschen werden darf, Trocknen oder nicht etc.), legt die Kleidungsstücke in die Waschmaschine und trocknet sie anschließend. Die reparaturbedürftigen Stücke, bei denen ein Knopf fehlt oder ein Saum abgerissen ist, sollten in sauberem Zustand gebracht werden, denn während die Waschmaschinen laufen, ist gut Zeit für einen kleinen Nähkurs. Abschließend wird gebügelt. Dazu muss zuerst die Funktion des Bügelapparates verstanden werden (wo und warum wird Wasser eingefüllt, wie funktioniert der Dampf?), dann ist noch eine kurze Einweisung in die Technik des Bügelns nützlich (in welcher Reihenfolge werden die verschiedenen Teile eines Hemdes gebügelt?).

Wer macht diese Einweisung? Das kann die Lehrkraft selber sein, falls sie einschlägig kompetent ist. Wenn der Waschsalon unter freundlicher Leitung steht, kann auch eine dort tätige Fachkraft den Unterricht übernehmen.

Verbotene Dinge

Wenn wir über Klischees in der Erziehung sprechen, dann liegt unser Augenmerk meist auf der Diskriminierung von Mädchen. Teamsport betreiben, wild herumtoben, technische Sachen reparieren, am Computer herumhacken, das sind Beispiele für Aktivitäten, von denen es mitunter auch heute noch heißt, ein »richtiges Mädchen« würde sich eher nicht dafür interessieren. Die Diskussion suggeriert indirekt, dass Jungen hier mehr Freiheit in der Wahl ihrer Interessen hätten, was aber nicht stimmt. Es gibt viele Aktivitäten, die sie sehr lieben und die ihnen sehr früh vermiest werden.

Weder bei den Mädchen noch bei den Jungen läuft die geschlechtsspezifische Steuerung typischerweise über direkte Verbote. Die häufigere Sanktion ist der Spott. Mädchen meiden manche Aktivitäten, weil sie dabei einen unweiblichen, nicht »schönen« Eindruck machen würden oder weil die Buben, die dieses Terrain besetzen, sie dort nicht willkommen heißen.

Umgekehrt werden auch Buben verdrängt von Tätigkeiten, die den Mädchen zugeordnet sind. Dazu gehören insbesondere vier allgemeine Inhalte:

- die spielerische Gestaltung und Darstellung der eigenen Person,
- die Demonstration von Fürsorglichkeit gegenüber anderen,
- der liebevolle Umgang mit sich selbst,
- das Befassen mit Details und das Interesse für Dinge, die als »schön« gelten.

Hierbei handelt es sich um Themen, die von sich aus für Kinder hohe Attraktivität besitzen. Im Kindergarten können wir etwa beobachten, wie gerne kleine Jungen sich verkleiden, sich bemalen, andere Kinder trösten, für Familienangehörige etwas Schönes herstellen und Verletzungen am eigenen Körper registrieren und »betreuen«.

Bereits im Kindergarten läuft jedoch der Prozess an, der den Jungen mitteilen wird, dass diese Themenbereiche für sie nicht wirklich schicklich sind. Damit wird zwar nicht ihr Interesse, aber doch ihre Freude daran erstickt. Um nicht ausgelacht zu werden, dürfen sie nicht zeigen, dass diese Dinge auch für sie interessant sind.

Neben dem Spott läuft die Steuerung und Entmutigung auch noch über die Methode der »spezifischen Färbung«. Die grundsätzlichen Neigungen und Bedürfnisse, die hinter diesen Interessen stehen, bekommen eine so ausgeprägt weibliche Note, dass kein richtiger Junge oder Mann sie mehr wählen kann. Geht es im Kindergarten noch um das theaterhafte Verkleiden und das phantasievolle Bemalen, so machen diese noch neutralen Aktivitäten mit dem Volksschulalter eine Wandlung durch. Das phantasievolle Bemalen entwickelt sich in Richtung Kosmetik, das Verkleiden in Richtung Mode. Sobald es ein Angebot mit Farbtöpfen und Theaterschminke gibt, scharen sich die Jungen auch noch mit 12, 13 Jahren freudig darum, aber in der ausschließlichen Form von Lidschatten und Verkleiden ist es für junge Männer natürlich unmöglich, ihr Interesse fortan auszuleben.

Verkleiden und Bemalen sind Formen der Beschäftigung mit sich selbst, mit der Phantasie alternativer Rollen und Präsentationen. Sie sind ein Weg, mit Ängsten und Verdrängungen umzugehen (als Furcht erregendes Monster ist das Kind unangreifbar). Es ist überaus sinnvoll, Jungen diese Formen des Ausagierens zu erhalten. Es müssen lediglich neutrale oder maskuline Hilfsmittel dafür gefunden werden.

Im Kindergarten ist es üblich, für festliche Anlässe etwas zu basteln, das den Familienangehörigen dann geschenkt werden kann. Meist schon in der Volksschule, spätestens aber kurz danach hört dieser Brauch auf – eigentlich zu früh. Es besteht kein einsichtiger Grund, warum im Unterricht (Werken, Kunst) nicht weiterhin einige der Produkte im Hinblick auf Weihnachten, Mutter- und Vatertag etc. hergestellt werden können. Insbesondere Jungen profitieren von der Chance, diese Art von Zuwendung gegenüber nahe stehenden Personen einzuüben und zu vertiefen.

Basar

In diesem Schwerpunkt werden kleine Geschenke hergestellt. Danach wird – in der Vorweihnachtszeit oder rechtzeitig für Mutter- und Vatertag – ein Basar veranstaltet, bei dem die anderen Kinder für geringe Geldbeträge ein Geschenk für ihre Familienmitglieder erwerben können. Für einen weiteren geringfügigen Betrag kann das Geschenk auch noch an Ort und Stelle schön verpackt werden. Das Auswählen von Gegenständen, die den Eltern oder kleinen Geschwistern gefallen könnten, deren Herstellung, die Organisation eines Basars und die sorgfältige und ästhetische Verpackung der Geschenke sind allesamt nützliche, detail- und gestaltungsorientierte Tätigkeiten für Jungen.

Wenn ein Computer zur Verfügung steht, können mittels eines entsprechenden Programms oder als Download vom Internet (siehe zum Beispiel www.e-greetings.com) auch Glückwunsch-karten erzeugt, gedruckt und mitverkauft werden.

Blechschaden

Für diese Übung ist es nützlich, wenn die Lehrperson eine große Schachtel mit Pflastern mitbringt, am besten solche mit lustigem Comic-Aufdruck. Die Übung kann aber auch mit einem abwasch-baren Filzstift durchgeführt werden. Das Ganze sollte im Sommer stattfinden oder im Zusammenhang mit dem Sportunterricht, da-mit Arme und Beine frei sind.

Die Buben markieren mit Filzstift oder Pflaster alle Körper-stellen, die eine Verletzung haben (blauer Fleck etc.), und überle-gen, wo sie sich die Verletzung zugezogen haben. Wer sich ir-gendwann etwas gebrochen hat, markiert die Stelle mit einem großen X.

Im Anschluss daran leitet die Lehrperson eine Diskussion ein. Wie hat man sich laut Bubenkodex zu verhalten, wenn man sich verletzt? Was heißt »wehleidig«? Warum jammern Männer, wenn ihr Auto eine Delle oder einen Kratzer hat, aber beim eige-nen Körper tun sie so, als sei es ihnen egal?

Bin ich blöd?

Werbeleute versehen ihre Produkte gerne mit möglichst viel Sex-appeal. Kritiker sehen darin eine Vermarktung der Frauen, aber mindestens genauso beleidigt könnten die Männer sein. Kann man einem Mann tatsächlich jeden Mist andrehen, solange eine hübsche, nur leicht bekleidete Frau auf dem Werbefoto lacht? Muss die Blondine nur mit den Wimpern klimpern, und der Mann öffnet wie hypnotisiert sein Portemonnaie? Scheinbar glauben die Werbefritzen, es mit pawlowschen Hunden zu tun zu haben.

In dieser Übung sucht die Gruppe sich die doofsten Bilder zusammen. Das kann entweder gemeinsam gemacht werden, nachdem Zeitschriften gesammelt und mitgebracht wurden, oder es kann als Aufgabe zu Hause erledigt werden. Der Schwerpunkt lässt sich auch mit einem Stadtspaziergang kombinieren (Plakate werden gesucht, möglicherweise auch fotografiert). Mit welchen Phantasien werden im Kontrast dazu Frauen verlockt, Produkte zu kaufen? Eventuell kann die halbe Gruppe die an Männer adressierte, die andere Hälfte der Gruppe die an Frauen gerichtete Werbung untersuchen.

Konflikte

Die folgende Übung klingt simpel, wird aber in den Boys'-Town-Schulen seit Jahren mit Erfolg angewandt.

Es geht bei dieser Übung darum, drei Automatismen im Jungenverhalten zu unterbrechen: »Ein Angriff oder vermeintlicher Angriff muss sofort aggressiv abgewehrt werden«, »Kritik ist ein feindseliger Akt« und »Wer nicht tut, was ich will, hat einen feindseligen Akt begangen«.

Diese Übung hat den bescheidenen, aber wichtigen Zweck, den Reflex Provokation-Aggression zu unterbrechen.

Zwei Freiwillige stellen sich vorne auf. Es sind Thomas und Franz. Franz hat neue Inlineskates, Thomas will sie sich für einen Nachmittag ausleihen. Die ersten zwei Dialogzeilen sind vorgegeben.

Thomas: »Borgst du mir morgen Nachmittag deine Skates?«
Franz: »Nein.«

Thomas soll nun versuchen, in so vielen Variationen wie möglich die Meinung von Franz zu ändern (Drohungen von Gewalt und Gewalt selbst sind aber nicht erlaubt). Das Publikum kann entweder Ideen beisteuern, die vom Schauspieler umgesetzt werden, oder die Zuschauer können der Reihe nach vortreten, um selber den Thomas zu »spielen« und ihr Glück zu versuchen. Beispiele hierfür sind:

- Humor *(Es ist ein Notfall; ich muss meine kranke Großmutter, die im Rollstuhl sitzt, ins Krankenhaus bringen; ohne Skates bin ich zu langsam)*
- Tauschgeschäft *(Ich leih dir dafür meine neue CD)*
- Verhandlung *(Dann halt nicht für den ganzen Nachmittag, nur für eine halbe Stunde)*
- Moralischer Druck *(Ich hab dir auch mein Fahrrad geliehen)*
- Praktischer Druck *(Dann gib aber sofort mein Vokabelheft zurück)*
- Einfluss *(Freunde von Franz reden auf ihn ein, Thomas die Skates zu leihen)*
- Zerstreuung der möglichen Bedenken *(Thomas verspricht, auf die Skates sehr gut aufzupassen)*

Die Vorschläge werden von einem Protokollführer gesammelt und anschließend in Kategorien unterteilt. Auch satirische Vorschläge können von der Lehrperson meist auf einen grundsätzlichen Durchsetzungszugang zurückgeführt werden. In der abschließenden Diskussion erzählt »Franz«, was ihn am ehesten überzeugen würde. Alle überlegen, welche Überzeugungstaktik ihnen persönlich am leichtesten fällt. Ist es nicht günstig, sein Repertoire zu erweitern? Auch wenn man mit den eigenen Methoden oft Erfolg hat, heißt das noch lange nicht, dass diese Methoden gut sind. Mit einer anderen Methode hätte man vielleicht das Gleiche erreicht, auf besserem und eleganterem Wege.

Wie gerne mag man Leute, die sich vorzugsweise mit Drohungen, schlechter Laune und Zorn durchsetzen?

Muskelpaket

Diese Anregung ist sowohl für eine Jungengruppe als auch für den Sportunterricht geeignet. Es geht darum, zwei Elemente einzuführen, um die der Körper der Jungen allgemein gern betrogen wird: Rhythmik und Flexibilität. Spitzensportler wie Michael Jordan integrieren solche Übungen regelmäßig in ihr Training, um ihre Leistung zu steigern und Verletzungen vorzubeugen, aber der Rest der Männerwelt ist hier benachteiligt.

Dem kann jedoch abgeholfen werden, am besten durch eine Trainerin aus einem Sportstudio. Falls jemand eine solche im Bekanntenkreis hat, stellt sie ihre Dienste vielleicht kostenlos zur Verfügung, ansonsten spendet eventuell ein nahe gelegener Klub zwei Freistunden, möglicherweise gegen eine Annonce in der Schulzeitung oder eine ähnliche Gegenleistung. Eine Stunde ist dem Stepping gewidmet, einer rhythmischen Turn- und Bewegungsart, die schnelle Reaktionen erfordert, gymnastisch wertvoll ist und, sofern man dafür nicht gerade ein rosa Trikot anzieht, in der Durchführung geschlechtsneutral wirkt. Die zweite Stunde dient dem Stretching, also Übungen, die den Körper dehnen und die Muskeln erwärmen. Die Fachperson, die diese Stunden abhält, sollte auch ein paar Worte über den sportlichen Vorteil dieser Übungen sprechen.

Der Sinn dieser Übungen: Sie sind für sich genommen schon wertvoll, weil sie tatsächlich die Verletzungsgefahr (Zerrungen, Brüche) in klassisch männlichen Sportarten verringern. Sie dienen darüber hinaus einer Relativierung des klassischen Leistungsbegriffes. Es sind Übungen, die vielen Jungen anfangs schwer fallen, weil sie durch ausschließlich »männliche« Bewegungsarten schon viel ihrer ursprünglichen Flexibilität und Dehnung verloren haben. Weiterhin wird Erfolg hier nicht durch Punkte, Siege und Wettbewerb gemessen, sondern durch die Beschäftigung mit dem eigenen Körper – was kann er, wo sind die

Grenzen seiner Beweglichkeit, wie werden diese Grenzen durch sanften Druck erweitert usw.

Helfen

Die Bedürfnisse anderer Menschen und Lebewesen erkennen und erfüllen zu können, ist ein zentrales Lernziel insbesondere für Jungen. Diese Gruppe von Übungen dient der Einstimmung und Sensibilisierung in diesen Schwerpunkt.

Nicht nur unter den Menschen können wir Freunde finden, sondern auch unter anderen Spezies – Hunde, Katzen, Hamster sind Gefährten, Spielkameraden und Vertraute. In dieser Übung beschäftigen die Kinder sich mit einem Tier, seinen Gefühlen und Bedürfnissen. Es gibt verschiedene Möglichkeiten, diese Übung umzusetzen.

Kinder berichten über ein Haustier, entweder über ihr eigenes oder über das ihrer Nachbarn, Verwandten oder Freunde: Hat das Tier unterschiedliche Stimmungen und Launen? Woran kann man diese erkennen? Wie weiß man, wenn es spielen möchte? Wie zeigt es, dass es etwas nicht mag? Wie kann man ihm eine Freude machen? Wie zeigt es, wenn ihm etwas wehtut? Kann es sich mit seiner Stimme verständigen? Wie tut es das?

Was braucht es jeden Tag? Wie sieht aus der Warte des Tieres ein typischer Tag aus? Wie sieht ein besonders schöner Tag aus?

Was frisst und trinkt das Tier am liebsten? Gibt es etwas, was es gerne mag, aber nicht haben darf? Warum?

Wie profitiert man von der Beziehung zu diesem Tier? Was macht man mit ihm besonders gern?

Wenn das Kind selber kein Haustier hat, gibt es sicherlich im Umkreis irgendwelche Leute mit einem Tier, die mittels dieses Fragebogens interviewt werden können.

Nur nach einer solchen Vorbereitung sollte daran gedacht werden, eventuell ein Tier in die Stunde mitzubringen. Es kann dann beobachtet werden im Hinblick auf die oben angeschnittenen Fragen.

Wie sollte eine Einladung gestaltet sein, wenn der Gast ein Vierbeiner ist? Was soll vorbereitet, welche Unterhaltungen können angeboten werden? Wie fühlt sich der Gast in der ungewohnten Umgebung? Ängstlich? Verunsichert? Oder ist das Tier bereit zu spielen? Bleibt es in der Nähe seines Besitzers, oder ist es sehr gesellig und offen?

Ohne Wenn und Aber

Kritik kann hilfreich sein, sie kann jedoch auch destruktiv wirken. Oft entscheidet nur das kleine Wort »aber«, ob und wie ein Ratschlag ankommen wird. Kommunikationsexperten haben herausgefunden, dass der einfache Tausch des Wortes »und« gegen ein »aber« einen enormen Unterschied macht. »Aber« negiert, zumindest im subjektiven Empfinden des Hörers, all die freundlichen und positiven Aussagen, die er gerade gehört hat. »Und« hat keinen solchen »Radiergummieffekt«.

Die Übung besteht darin, dass mehrere Stunden lang die gegenseitige Kommentierung der Arbeit (zum Beispiel beim Vorlesen und Besprechen von Aufsätzen) kein »aber« enthalten darf.

Eine solche Übung ist nicht so abwegig, wie sie auf den ersten Blick vielleicht erscheinen mag. Tatsächlich steckt hinter dem »aber« nicht selten eine unfreundliche Absicht, die vom Betreffenden unterbewusst registriert wird. Er soll sich nicht zu toll vorkommen. Man lobt ihn, stutzt ihn aber umgehend wieder zurecht.

Im Übrigen profitieren auch Lehrpersonen und sonstige Erziehende von dieser Übung.

Macht und Dummheit

Allen Lehrkräften für Geschichte und Sozialkunde möchten wir das Buch der Historikerin Barbara W. Tuchman ans Herz legen: *Die Torheit der Regierenden* (erstmals erschienen 1989 im Fischer Verlag) zeigt anhand spannender Fallstudien aus den unterschiedlichsten Epochen, wie ganze Königreiche und Weltmächte sich aus Stolz, Sturheit, Arroganz und mangelnder Phantasie in ihr absolut vermeidbares Verderben stürzten.

Ältere Jugendliche werden diesem Buch sehr viel abgewinnen. Das darin enthaltene Exposé der menschlichen, allzu menschlichen Seite der großen Politik bietet eine wohltuende Ergänzung der formalistischen Geschichtsschreibung, die in Schulbüchern leider immer noch üblich ist.

Jüngere Kinder, die vielleicht nicht das ganze Buch lesen möchten, profitieren von einzelnen Kapiteln. Wählen Sie eines von Tuchmans Fallbeispielen, wie es gerade in Ihren Stoff passt. Das Kapitel über die amerikanische Revolution etwa eignet sich gut.

Tuchmans Ansatz ist ein idealer Ausgangspunkt für weiterführende Diskussionen. In der Tagespolitik finden sich meist genug Beispiele für dumme oder trotzige Entscheidungen. Analysieren Sie auch den Stil der individuellen Politiker. Welchen Habitus haben sie gewählt und was bezwecken sie wohl damit? Welche Nachteile hat dieser Habitus?

Tuchman macht klar, dass Egoismus, Größenwahn und andere menschliche Schwächen sich ganz deutlich, und mitunter verheerend, auf das Schicksal von Regierungen und Völkern auswirken. Die Machthaber sind dann oft nicht imstande, die intelligente Entscheidung zu treffen, mit der ein Krieg verhindert oder ein Konflikt beendet werden könnte.

Und ein paar Etagen tiefer? Wie oft bezieht man einen Standpunkt nur aus Trotz, lehnt man einen guten und gut gemeinten

Ratschlag aus Sturheit ab, bezieht man eine Jetzt-erst-recht-Position, von der man weiß, dass sie nicht klug ist? Das kann große Folgen haben: Ehescheidungen, Entlassungen, verlorene Freundschaften, schlechte Entscheidungen aller Art haben hier ihren Ursprung.

Tuchmans Buch ist eine enorme Bereicherung, weil sie mit ihrer Analyse eine ganz wichtige, aber oft ignorierte Dimension der menschlichen Interaktionen ins Zentrum rückt.

Die folgenden Übungen betreffen einige der Problembereiche und der Entwicklungsziele, die wir als besonders wichtig identifiziert haben. Sie können besonders gut im Familienkreis eingesetzt werden, sind oftmals aber auch in der Schule gut anwendbar und dort ebenfalls sehr relevant.

Soziales Sprechen

»Vorbereitung auf das Leben« – darunter stellen Erwachsene sich oft etwas sehr Gewichtiges vor. Sie denken dabei an das ernste Gespräch über berufliche Zukunft oder über Verhütung. In diesen Gesprächen, denken die Erwachsenen, müssen sie dem Sohn Verantwortungsgefühl vermitteln oder Pflichtbewusstsein, sie müssen seinem Leben eine Wende und seiner Persönlichkeit Schliff geben.

Eine Aura von Schwere umgibt die Thematik – sie erscheint so grundsätzlich und so schwierig, dass ihr oft gar nicht erst näher nachgegangen wird. Und wenn, dann erschöpfen sich die entsprechenden Fragen meist in beidseitig peinlichen Floskeln oder in wolkigen Allgemeinplätzen.

Besser, die Ansprüche herunterzuschrauben. Orientieren Sie sich an den ersten Jahren Ihrer Elternschaft. Da haben Sie Ihrem Kind Dinge beigebracht – nein, stopp, diese Formulierung ist schon falsch. Ihr Kind wollte *von sich aus* bestimmte Fähigkeiten erwerben – auf zwei Füßen gehen statt auf allen vieren krabbeln, sich selber füttern, sich alleine anziehen etc. – und Sie waren ihm dabei behilflich.

Eine nützliche Grundeinstellung für Erwachsene besteht darin, einfach zu beobachten, welche Kompetenzen der jüngeren Person gerade wichtig sind, und sie dann zu unterstützen in deren Erwerb.

Teenager sind in erster Linie soziale Wesen. Die Fertigkeiten, an denen sie Interesse haben, sind soziale Fertigkeiten. Manche bringen hier ein natürliches Talent mit, sind umgänglich, extrovertiert und haben einen guten Instinkt für die richtige Reaktion, die entwaffnende Formulierung. Häufiger fühlen sich Jugendliche in dieser Altersphase schüchtern, hässlich, einfach »völlig daneben«.

Jungen reduzieren ihre Gefühlsäußerungen sicherheitshalber auf eine einzige Emotion: Wut. Die scheint ihnen relativ »ungefährlich«. Wer sich primär über die Wut äußert, kann zwar in Streit und Kampf verwickelt, verletzt, im schlimmsten Fall sogar getötet werden, kann Ärger bekommen mit der Schule und sogar der Polizei. Trotzdem fühlen sich Jungen in ihrer Wut vergleichsweise sicher, weil sie dann wenigstens nicht das Risiko eingehen, für »unmännlich« gehalten zu werden. Das alleine zeigt uns schon, wie stark der Zwang des uralten Männerethos auch heute noch ist. Und es zeigt uns auch, welche Macht das soziale Denken über das menschliche Verhalten ausübt.

Dies ist also die ideale Altersstufe, um das soziale Repertoire des jungen Menschen zu erweitern. Und weil auch dieses Ziel sehr anspruchsvoll und ziemlich abstrakt klingt, konkretisieren wir es am besten mit ein paar handlichen, kleinen Übungen.

Zum Beispiel das Sprechen. Bestimmt erinnern Sie sich an die Zeit, als Ihr Sohn sprechen lernte, und wahrscheinlich wissen Sie sogar noch einige der liebenswerten Sprechfehler, die ihm dabei unterliefen. Die rührten Sie mitunter so sehr, dass sie eine Zeit lang Eingang fanden in die Privatsprache der Familie.

Ihr Sohn ist nun erneut in der Situation, sprechen zu lernen. Was er sich jetzt aneignet, können wir als »soziales Sprechen« bezeichnen. Und zwar muss er lernen, sich in verschiedenen sozialen Situationen passend auszudrücken. Mit Fremden ins Gespräch kommen. Sich in einer Konfliktsituation verbal vermitteln. Seine Interessen beharrlich, aber nicht aggressiv durchsetzen bei einem Gegenüber, das ihn übervorteilen will. Einem Mädchen gegenüber eine nicht sexuelle Freundlichkeit zeigen. Einem Mädchen gegenüber sexuelles Interesse zeigen, ohne sie abzuschrecken und ohne sich selber einer allzu deutlichen Abfuhr auszusetzen. Auf einen Freund reagieren, der gerade etwas Schreckliches erlebt hat. Ein Elfjähriger mag seine Muttersprache und eine Fremdsprache noch so gut beherrschen – das soziale Sprechen ist eine ganz andere Fertigkeit.

Bei manchen Kindern kann die Familie helfen, andere Kinder können diese Fähigkeit zu Hause aber beim besten Willen nicht lernen. Ihre Eltern kümmern sich nicht, sind aus wirtschaftlichen oder anderen Gründen viel zu sehr mit anderen Dingen belastet, um sich dem zu widmen, oder haben infolge sozialer Umstände selber nur wenig Kompetenzen in diesem Bereich. Diese Kinder profitieren speziell davon, wenn soziales Sprechen in der Schule, eventuell im Deutschunterricht, geübt wird.

Wir unterscheiden drei Kategorien von sozialem Sprechen.

Kontaktaufnahme mit Fremden
Diese Situation ist deshalb für viele Menschen so schwierig – und beileibe nicht nur für Jugendliche –, weil sie, historisch betrachtet, eigentlich »unnatürlich« ist. Den größten Teil der Menschheitsgeschichte verbrachte man sein Leben im Kreise bekannter Menschen. Im Dorf kannten sich alle über mehrere Generationen, und die Bewohner der Nachbardörfer kannte man über Ehe- und

Verwandtschaftsbeziehungen und von größeren Festtagen. Der »Fremde« war tendenziell suspekt, Gegenstand von Neugierde und Misstrauen, potenziell ein Feind.

Das moderne Leben bringt uns ständig und überall in Kontakt mit Fremden. Dieser Kontakt verletzt oft unsere instinktiven Bedürfnisse nach einer Intimsphäre und respektiert nicht unsere benötigte Distanz. In der U-Bahn stehen wir dicht zusammengepresst mit irgendwelchen wildfremden Leuten. Im Warteraum des Arztes müssen wir der Sprechstundenhilfe im Beisein weiterer wildfremder Menschen persönliche Details über unsere körperlichen Beschwerden preisgeben. Im Aufzug sind wir auf engstem Raum, fensterlos und ohne Fluchtmöglichkeit, alleine mit unbekannten Personen. Das sind unnatürliche Situationen, die Stress erzeugen, aber wir haben Mechanismen entwickelt, um besser damit umzugehen. Dazu gehört der distanzierte, unbeteiligt in die Weite starrende Blick, der den unwillkürlichen Körperkontakt negiert. Wir anonymisieren und ignorieren die unfreiwillige Nähe.

Dann aber gibt es Situationen, in denen wir ganz schnell, ohne lange Vorbereitung, Nähe entwickeln sollen zu fremden Leuten. Wir gehen zu einer Party, haben diese sechs, zehn oder hundert Menschen noch nie zuvor zu Gesicht bekommen und sollen mit ihnen gemeinsam eine Stimmung von inniger Freundlichkeit und Lustigkeit erzeugen. Oder wir haben irgendeine abstrakte Gemeinsamkeit – wir sind zum Beispiel alles Eltern mit Kindern in der Klasse 8b. Wie viele Erwachsene bekommen Herzklopfen und fühlen sich stumm und gelähmt in Situationen dieser Art! Und das sind noch die unproblematischeren Bereiche, in denen wir davon ausgehen dürfen, dass alle einander gutwillig gegenüberstehen. Hier können wir nicht gedankenverloren Richtung Decke starren, sondern hier müssen wir in Kontakt treten. Wir müssen sprechen.

Die Kinder der Oberschicht lernten früher die Kunst der kultivierten Konversation. Das mag heute etwas affektiert wirken, aber es war nützlich, sehr nützlich. Denn zu den lebenslangen Standardsituationen gehört diese: Sie betreten einen Raum, in dem Sie niemanden kennen. Das kann ein Zugabteil sein oder ein Büro, eine neue Schulklasse oder ein Partyraum, der Treffpunkt der neuen Bürgerinitiative usw. – irgendein Raum, in den Sie der Zufall geführt hat oder in dem Sie irgendeine Aufgabe erfüllen müssen. Vielleicht müssen Sie dort nur, möglichst reibungslos, ein paar Stunden verbringen. Vielleicht müssen Sie die nächsten Jahre Ihres Lebens jeden lieben Wochentag dort erscheinen. Vielleicht wollen Sie nur eine vorsichtige, unverbindliche Kontaktanbahnung für den Fall, dass Sie diese Leute irgendwann einmal brauchen. Noch kennen Sie diese Menschen nicht und haben ihnen eigentlich nichts zu sagen.

Was sagt man in Situationen, in denen man eigentlich nichts zu sagen hat? Die Amerikaner nennen es »Smalltalk«, harmloses Sprechen über Belanglosigkeiten mit dem Ziel, das Eis zu brechen. Und die äußerst nützliche Kunst des Smalltalks ist etwas, was Sie mit Ihrem Jugendlichen gut üben können.

Mein guter Tag, mein schlechter Tag
Diese Übung findet am besten beim Abendessen statt. Alle erzählen den schrecklichsten und dann den angenehmsten Vorfall ihres Tages. Um den Einstieg zu erleichtern, sollten die Eltern den Anfang machen.

Diese Übung hat neben der eigentlichen Sprechübung einen weiteren positiven Nebeneffekt: Junge Leute sind oft erstaunt zu hören, dass ihre Eltern im Büro Ärger haben, dass es dort lästige Kollegen und Intrigen und dergleichen mehr gibt. Sogar die positiven oder interessanten Dinge behalten Eltern oft für sich – eine gut gelungene Präsentation, eine besonders exzentrische Kundin. Diese Übung kommt somit auch der Kommunikation in der Familie zugute.

Der schwierige Partygast

Diese Übung ist sowohl für zu Hause als auch für Jugendgruppen oder Schulklassen geeignet.

Es werden Paare gebildet. Verschiedene Szenarien sind möglich, zum Beispiel: Es gibt einen wichtigen Empfang, Person A ist Diplomat, Person B ist der wortkarge ausländische Ehrengast. Oder: Person A ist Gastgeber, Person B ist ein schüchterner Partygast. Person A hat die Aufgabe, das Gespräch so lange wie möglich in Gang zu halten. Person B ist angewiesen, möglichst knapp zu antworten. Also etwa so:

A: »Sind Sie zum ersten Mal in Berlin?«
B: »Nein.«
A: »Wann waren Sie denn zum letzten Mal hier?«
B: »Vor einem Jahr.«
Usw.

Diese Übung ist meist sehr lustig, weil Person B ein hämisches Interesse daran entwickelt, es Person A so schwer wie möglich zu machen, während Person A versucht, Person B auszutricksen. Da die Initiative für die Richtung des Gesprächs gänzlich bei Person A liegt, kann sie Person B ganz schön aufs Glatteis führen.

Das Gute an dieser Übung ist, dass sie sowohl gut wirkt, wenn die Beteiligten sie verulken, als auch, wenn sie ganz ernst genommen wird. In beiden Fällen lernen die Betroffenen, in schwierigen Gesprächssituationen die Initiative zu übernehmen.

In Familien gibt es für »Fortgeschrittene« immer auch Gelegenheiten, diese neue Fertigkeit in der Realität zu erproben. Bei einer erweiterten Familienzusammenkunft bekommen die Kinder einen bestimmten Verwandten zugewiesen und müssen diese Person konversationsmäßig betreuen. Anschließend erzählen sie, was sie alles erfahren haben.

»Schwul«

Wenn Sie Söhne im Alter von zehn Jahren und aufwärts haben, werden Sie es vielleicht schon beobachtet haben. Plötzlich taucht ein neues Schimpfwort auf, mit dem Jungen sich gegenseitig bewerfen, zuerst zögerlich, dann immer großzügiger, bis es im Alltagsvokabular zu einem geläufigen Begriff geworden ist. Es dient überall dort, wo man jemanden ärgern, beleidigen oder herabsetzen möchte: »schwul«.

Vielleicht wird dieses Wort Ihnen aus denselben Gründen auffallen, wie es auch uns ins Ohr stach, als wir »unsere« Schulklassen beobachteten: Es taucht bei einer Altersgruppe auf, für die seine tatsächliche Bedeutung – in der Erwachsenensprache ein Begriff für eine alternative sexuelle Orientierung – keinerlei Relevanz besitzt. Es wird also angewandt in Situationen, die mit dem ursprünglichen Gegenstand nichts zu tun haben. Es waren auch nicht etwa bestimmte Kinder, die mit diesem Etikett versehen wurden, sondern es handelte sich einfach um eine Beschimpfung, jederzeit und gegen jeden anwendbar, den man ärgern wollte. Die nahe liegende Interpretation: Der Begriff war als Tabu interessant und gewann seine Kraft daraus, dass er ein verbotenes Wort aus dem ebenfalls verbotenen Themenkreis der Sexualität war. Etwa zeitgleich zirkulierten unter den Jungen Kondom-Witze, und allein das Wort Kondom genügte, um Heiterkeit hervorzurufen.

Auf den zweiten Blick war an dieser Sitte zusätzlich problematisch, dass damit eine Minderheit stigmatisiert wurde – eine Minderheit, der ein Teil der Schüler eines Tages angehören würde. Doch das Problematische dieses Verhaltens reicht noch viel weiter.

Zunächst waren wir geneigt gewesen, der Einschätzung der meisten Lehrer zu folgen und diesen Sprachgebrauch eher zu bagatellisieren, bis uns ein geschätzter Kollege, der Psychiater Eli

H. Newberger, vom Gegenteil überzeugte.* Der erfahrene Praktiker, Programmdirektor am Bostoner Kinderkrankenhaus und Großvater, nannte diese Praktik spontan als eine von den fünf Dingen, die er an der schulischen Sozialisation von Jungen am dringendsten verändern möchte – und veranlasste uns damit dazu, uns diese Unsitte erneut und genauer anzusehen.

Dabei fielen uns zwei Dinge auf. Erstens bemerkten wir, dass die Beleidigung zwar, wie ursprünglich wahrgenommen, tatsächlich sehr oft in vollkommen zufälligen, neutralen Situationen fiel. Dort aber, wo gezielt ein bestimmtes Verhalten oder eine bestimmte Handlung sanktioniert werden sollte, betraf die Bezeichnung zweitens sehr auffällig eben nicht eine »schwul« anmutende, sondern, wenn überhaupt, eher eine deutlich heterosexuelle Konstellation. Jungen, die sich gern mit Mädchen aufhielten, die öfter als andere mit Mädchen redeten und sich mit Mädchen gut verstanden, erhielten leicht das Etikett »schwul«.

Das ist offenkundig widersinnig. Die widersinnige Umdrehung erinnerte uns an die scherzhafte Bemerkung, die der Schauspieler Mel Gibson in einem Interview machte. Heute Actionstar und Sexsymbol, galt er in seiner Schulzeit als Außenseiter und als nicht ganz männlich. »Ich war lieber bei den Mädchen im Theaterkurs als mit den restlichen verschwitzten Jungen nackt unter der Dusche«, merkte er rückblickend ironisch an. Das trifft den Kern. Warum gelten Jungen, die sich in der Gesellschaft und der körperlichen Nähe anderer Jungen (sozial akzeptabel in Form von sportlichem Körperkontakt) aufhalten, als unhinterfragbar maskulin, während Jungen, die sich zu Mädchen hingezogen fühlen, in ihrer Männlichkeit angezweifelt werden? Das ist so verkehrt, dass es einer Erklärung bedarf.

---

* In einem Interview in Boston im Dezember 1999. Siehe auch sein schon zitiertes Buch *The Men They Will Become* (vgl. S. 85).

Der Junge, der gerne mit Mädchen zusammen ist, wird abgewertet. Die Abwertung stellt sich als sexuelle Schlussfolgerung dar, ist aber unlogisch und muss verworfen werden. Das Ziel kann demnach nur ein soziales sein. Dieser Junge wird abgewertet, weil er sich mit einer abgewerteten Gruppe befasst. Er bricht ein Tabu, aber nicht das Tabu, das ihm vorgeworfen wird. Er bricht das soziale Tabu, das einen sozialen Abstand zwischen den Geschlechtern verlangt. Er gefährdet die Deutlichkeit der Trennung in zwei Geschlechtergruppen, weil er vorführt, dass Mädchen und Jungen gemeinsame Interessen haben, sich miteinander verstehen und unterhalten, ja sogar befreundet sein können. Das ist in der Altersgruppe der 10- bis 13-Jährigen ein Minderheitenverhalten und verpönt.

Wie uns Lehrer immer wieder bestätigten und wir selbst beobachten konnten, hebt sich die Geschlechtertrennung ab dem Alter von 14 Jahren deutlich auf, die Geschlechtsgruppen haben wieder mehr Kontakt miteinander und die Feindseligkeit der früheren »Mädchen sind doof«- beziehungsweise »Jungs sind blöd«-Haltung ist weg. Doch nun stehen die Kontakte unter quasi-romantischen Vorzeichen. Jungen und Mädchen interagieren unter dem Aspekt einer möglichen sexuellen Attraktion. Das ist mit zehn Jahren noch nicht der Fall. Das macht Kontakte zwischen den Geschlechtern in dieser jüngeren Altersgruppe subversiv – und verlangt nach einer Abschreckung.

Die Abschreckung liegt im Wort »schwul«. Mit diesem Begriff ist die Drohung gemeint, unter peinlichen Umständen aus der Jungengemeinschaft ausgestoßen zu werden. Eine Annäherung der Geschlechtsgruppen ist nicht mit dem Hintergrund einer geschlechtsneutralen, auf persönlichen Eigenschaften und Sympathien beruhenden freundlichen Beziehung erwünscht, sondern soll sich auf sexualisiertes Interesse beschränken. Sonst nämlich könnte das ganze Konstrukt, das künstliche Primat der zwei Geschlechterblöcke, zusammenbrechen.

Lassen Sie diese Entwicklung nicht unkommentiert ablaufen. Teilen Sie mit, dass erstens junge Männer, die sich mit jungen Frauen gut vertragen, nicht schwul sind, sondern tendenziell vermutlich eher das Gegenteil davon. Andererseits können schwule Menschen durchaus großartige Beziehungen und Freundschaften hegen zu Personen des anderen Geschlechts. Kurzum: Der Begriff ist ohne Bedeutung für die Wahl von Freunden. Zweitens: Manche Leute fühlen sich zum eigenen Geschlecht stärker hingezogen als zum anderen. Na und? Stirbt die Menschheit aus, brauchen wir dringend heterosexuelle Paare, die sich vermehren? Nein. Bei der letzten Schätzung lagen wir schon bei über sechs Milliarden Erdenbewohnern. Und schließlich drittens: Es ist primitiv, Leute bezüglich ihrer persönlichen Eigenschaften niederzumachen. Man muss schon ein sehr unglücklicher Verlierertyp sein, um im Privatleben anderer herumzukramen.

Wie können Jugendliche ihr Verhaltensrepertoire erweitern?

Der starke Wunsch, cool zu sein, wirkt der kreativen Erweiterung von Verhaltensweisen leider stark entgegen. Kreative Erweiterung heißt experimentieren. Ein Jugendlicher möchte aber auf keinen Fall das Risiko eingehen, lächerlich, schwach, unmännlich oder uncool zu wirken. Das karikaturhafte Auftreten so mancher männlicher Jugendlicher bringt den dringenden Wunsch zum Ausdruck, sich hinter einer sicheren Schablone zu verstecken. Für Erwachsene folgen daraus zwei Erkenntnisse.

Erstens sollten sie sich stets in Erinnerung rufen, dass Jugendliche ein begrenztes Verhaltensrepertoire haben. Handlungen oder Aussprüche, die ärgerlich, provozierend oder einfach nicht nachvollziehbar wirken, beruhen möglicherweise nur darauf, dass dem jeweiligen Jugendlichen nichts anderes einfiel. Insbesondere

Lehrkräften möchten wir diesen Gedanken nahe legen. Statt zornig zu werden oder diesen Jugendlichen abzuschreiben, kann es oft erstaunlich wirkungsvoll sein, ihn auf neue Alternativen aufmerksam zu machen.

Ein Hausmeister in einer von uns beobachteten Schule beherrschte diese Fertigkeit in eindrucksvoller Weise. Die vier Hausmeister dieser großen Schule waren unter anderem dafür verantwortlich, Utensilien für den Unterricht und den Sport aufzubewahren. Regelmäßig stürmten also irgendwelche Schüler herbei und wollten Glühbirnen, eine Leiter, eine Trillerpfeife für den Schiedsrichter oder Ähnliches. In der Hektik ihres Auftrages und der Eile des Gefechts übersahen diese Schüler oftmals die Höflichkeiten. Sie kamen hereingesaust, verlangten ungeduldig den gewünschten Gegenstand und rannten damit wieder davon.

Hausmeister A. stand diesen Gepflogenheiten mit Unmut und Bitterkeit gegenüber. Für ihn war das ein weiterer Beweis, dass er hier nicht geachtet wurde, dass die Kinder unerzogen und arrogant waren. Hausmeister B. hingegen begriff sich als Erzieher: »Hoppla, niiiiiicht so schnell, meine Herren«, hörten wir es während seiner Dienstzeit mit gutmütiger Ironie aus seinem Zimmer dröhnen. »Mich gibt's hier auch noch. So, und jetzt geht's noch mal raus, und dann kommt's ihr wieder rein und sagt's erst einmal guten Tag zu mir und fragt's mich, wie's mir heute geht, und dann reden wir über den Schraubenzieher, den ihr braucht's.«

Etwas erstaunt, aber gefügig begab sich die wilde Horde wieder hinaus. Seine Regieanweisungen genau befolgend, klopften sie ein zweites Mal bei Herrn B. an, der sie freundlichst – so, als ob nichts gewesen wäre und sie erstmals bei ihm erscheinen würden – begrüßte und mit dem nötigen Werkzeug ausgestattet wieder in die Klasse schickte. Bemerkenswert an diesem Vorfall war, dass Herr B. seinen jungen Partnern eine ganz genaue Vorlage gab für die Interaktion, wie er sie sich vorstellte. Und dass er sie nicht wirklich rügte und auch nicht böse oder beleidigt war, sondern das Ganze spielerisch inszenierte.

Womit wir schon bei unserem Zweitens wären: Zweitens sollten Erwachsene sich bemühen, den Jugendlichen bei der Erweiterung ihres Repertoires behilflich zu sein. Im Folgenden ein paar Anregungen hierzu.

Vielfalt siegt

Im Frühjahr 2000 steht ein neues Gewinnspiel auf der Hitliste des amerikanischen Fernsehabends. Einzelne Kandidaten müssen eine Serie von Wissensfragen beantworten. Damit können sie bis zu einer Million Dollar gewinnen. An manchen Punkten müssen sie entscheiden, ob sie einen geringeren Betrag akzeptieren und aufhören wollen oder ob sie weitermachen und dafür riskieren, das bisher Gewonnene wieder zu verlieren. Sie sitzen, sie denken, sie schwitzen – aber das Spiel hat eine Zusatznote, die es für unsere Zwecke interessant macht. Wenn ein Kandidat oder eine Kandidatin partout nicht mehr weiterweiß, hat er oder sie ein paar SOS-Rufe gut. Er oder sie darf das Publikum um Hilfe bitten – dann stimmen die versammelten Studiogäste, etwa 300 Leute, per Knopfdruck zwischen den vier möglichen Antworten ab. Oder es kann jemand telefonisch angerufen werden, irgendeine x-beliebige Bekannte, irgendein Freund, der im relevanten Bereich viel weiß. Interessant – und erbaulich für all jene unter uns, die an den Wert der Demokratie und der Volksentscheidung glauben – ist die Tatsache, das harte empirische Faktum, dass ein zufällig zusammengewürfeltes Publikum in 95 Prozent aller Fälle per Mehrheit die richtige Antwort findet. Weniger überraschend ist das Ergebnis, dass ein Kandidat mit einem vielseitigen Freundeskreis bessere Chancen hat, im Notfall die nötige Information zu erhalten. Letztere Einsicht erinnert an den eigentlichen Sinn von Bildung: dass wir dadurch nicht unbedingt lernen sollten, *was* die Fakten sind, sondern eher, *wo* wir sie im Bedarfsfall nachschlagen können.

Dieses Spiel lässt sich in verschiedenen Variationen für eine Schulklasse oder Jugendgruppe adaptieren, je nachdem, wie viel Aufwand Sie betreiben möchten. Die geringste Mühe macht es in seiner spekulativen Variante: Alle Schüler sollen sich vorstellen, dass sie morgen als Kandidat antreten. Sie dürfen eine Liste derjenigen Personen mitbringen, die im Notfall anzurufen sind. Wen setzen sie auf die Liste? Vielleicht Onkel Franz, den Kartographen, der sich in Geographie gut auskennt? Joe, den Freund der großen Schwester, der einer Heavymetal-Band angehört und alles weiß über Musik? Auf jeden Fall Frau Dr. Albert, die Kinderärztin des kleinen Bruders, falls eine der Fragen aus dem medizinischen Bereich kommt. Und: Auf wie viele Wissensgebiete können sich die Schüler im Notfall Zugriff verschaffen?

Das Spiel kann – mit Preisen, die nicht unbedingt die Höhe von einer Million Dollar haben müssen ... – auch inszeniert werden. Die Fragen können einem handelsüblichen Brettspiel entnommen oder selber entworfen werden.

Wenn Sie den Aspekt des Telefonierens vermeiden wollen, veranstalten Sie das Spiel schulintern. Lediglich SchülerInnen und LehrerInnen aus anderen Klassen sowie das Schulpersonal dürfen konsultiert werden. – Moment mal: Die Sekretärin hat doch einen Goldhamster? Der Hausmeister sammelt Briefmarken? Felix aus der 7b ist ein Computerfreak? Isabella weiß einfach alles über die Beatles?

Hinter dem hektischen Spaß verbirgt sich eine tiefere Erkenntnis: Menschliche Vielfalt ist eine kostbare Ressource. Wenn wir alle gleich wären und uns alle für das Gleiche interessieren würden, wären unsere Erfolgschancen als Gattung Mensch sehr geschmälert. Man kann nie wissen, welches Wissen man plötzlich brauchen wird.

Einer hartnäckigen Legende zufolge sind die Menschen auf diesem dicht besiedelten Planeten durch maximal fünf Telefonate voneinander entfernt. Das heißt, jeder x-beliebige Mensch ist erreichbar über eine Kette von Verbindungen, eine recht kurze sogar. Kann das stimmen? Probieren Sie es aus. Nehmen Sie Vorschläge der Kinder entgegen bezüglich der Personen, die kontaktiert werden sollen.

Leben in der Trash-Kultur

Unser Studium der so genannten Jugendkultur, der Inhalte der Filme und Fernsehsendungen und Videospiele, die den Markt der Jugendlichen ansprechen, war deprimierend. Ein überwältigender Anteil dieses Angebots war reiner Mist. Nicht nur Mist im Sinne von Zeitverschwendung, sondern bösartiges, zynisches, brutales, blutspritzendes, richtig horrendes Zeugs, kultureller Müll. Ein regelrechter Holocaust spielte sich vor den Augen von Kindern ab und nannte sich Unterhaltung.

Machen Sie diese Fragen deshalb im Freundeskreis und in der Schule zum Thema. Geben Sie Ihr Wissen, Ihre Bedenken und Ihre Informationen weiter. Seien Sie beharrlich. Wenn Sie einen Film oder ein Video gesehen haben, das Ihnen fragwürdig erscheint, dann warnen Sie andere Eltern in Ihrem Bekanntenkreis davor. Sprechen Sie es bei Elternabenden an.

In einer von uns beobachteten Schule machte die gesamte Französischklasse gemeinsam einen Ausflug ins Kino, um ihre neuen Sprachtalente auf die Probe zu stellen. Tolle Idee, nur hatte sich die Lehrerin nicht die Mühe gemacht, den Film vorher anzuschauen. Die Klasse hatte den Film vorgeschlagen und sie hatte flüchtig eine Rezension gelesen. Der Film war ab 16 Jahre freigegeben, die Kinder waren erst 13. Der Film erwies sich als extrem brutal, mit etlichen besonders gruseligen Morden und mehreren Vergewaltigungen. Ganz wohl war der Lehrerin anschließend nicht, aber sie fand schnell die üblichen bequemen Erklärungen. »Den Film hätte ich nicht bewusst ausgesucht, aber die Kinder sehen ja ständig solche Filme.«»Es schien sie nicht zu stören.«»Die sind das gewöhnt.«»Heutzutage gibt es solche Szenen ja sogar im Fernsehen.«

Hier ist es notwendig, dass Eltern sich zu Wort melden. Zeigen Sie Interesse. Fragen Sie nach. Die Jugendlichen wollen ins Kino oder ins Theater gehen? Welchen Film oder welches Stück beabsichtigen sie dort zu sehen? Ist ein Erwachsener mit diesem Stück oder Film vertraut? Wovon handelt es genau? Welche Szenen kommen vor? Am Anfang müssen Sie sich vielleicht überwinden, weil Sie nicht »altmodisch« wirken wollen. Tun Sie es trotzdem. Sie werden rasch bemerken, dass sehr viele Eltern dasselbe latente Unbehagen spüren wie Sie. Bald wird sich die Stimmung ändern und es wird sich einbürgern, dass zumindest ein bisschen mehr darüber nachgedacht wird, was wir den Kindern zumuten.

Auch die Kinder werden so an einen gesteigerten Grad erzieherischen Interesses gewöhnt. Wenn es von mehreren Seiten kommt, tun sich alle damit leichter.

Sprechen Sie mit den Eltern der Schulfreunde Ihrer Kinder, besonders dann, wenn am Nachmittag gemeinsam gespielt werden soll. Erzählen Sie diesen Eltern, welche Bedenken Sie bezüglich Videospielen und Ähnlichem haben. Besprechen Sie den geplanten Nachmittag. Haben die Kinder eine Möglichkeit, sich anders zu unterhalten als bloß mit Computerspielen? Würden die anderen Eltern sie vielleicht netterweise dazu animieren? Mitunter entstehen auf dieser Grundlage interessante Gespräche, denn auch die anderen Eltern sind oft sehr erleichtert, wenn sie endlich die Möglichkeit sehen, ihre eigenen Sorgen und Bedenken zu besprechen.

Im Zweifelsfall ist Video besser als Kino. Auch wenn Sie einen bestimmten Film selber nicht sehen möchten, so befinden Sie sich im Fall einer Videokassette zumindest in der Wohnung und können gelegentlich ein Auge darauf werfen, was sich da am

Bildschirm tut. Wenn der Film ungeeignet ist, schalten Sie ihn freundlich, aber rigoros aus. Auch wenn sie Ihre Kriterien nicht teilen, werden Ihre Kinder sich zumindest daran gewöhnen, diese Kriterien mit zu berücksichtigen. Sehr viele Kinder wachsen heute auf in der Vorstellung, dass es gar keine Kriterien gibt, dass alles o.k. und alles erlaubt ist. Wenn Sie nichts anderes erreichen als die Mitteilung, dass Sie Kriterien haben, dann war es die 20 oder 30 Mark schon wert, die Sie mit dieser Methode vielleicht für ungesehen zurückgegebene Videos ausgegeben haben.

Das gilt übrigens auch für die Erwachsenen. Auch für einen Elternverein oder eine lose Elterngemeinschaft sind Begriffe wie »Kriterien« und »Regeln« mitunter ein radikaler neuer Gedanke.

Schlusswort

Im Patriarchat sind Männer privilegiert – und auch nicht. Söhne sind in patriarchalischen Gesellschaften geliebt, geschätzt, höher bewertet als Töchter, doch hinter der Wertschätzung verbergen sich seltsame Widersprüche.

Der offenkundigste Widerspruch lag stets in der Bereitschaft, angeblich heiß geliebte junge Söhne eiskalt in den Krieg zu schicken. Gerade noch hatte Mutti besorgt für ihren kleinen Walter Kamillentee und Dampfinhalationen zubereitet, weil der Ärmste verkühlt war, schon winkte sie ihm liebevoll nach, während er abmarschierte nach Stalingrad.

Geradezu unglaublich ist die Vorstellung, dass amerikanische Eltern noch vor wenigen Jahrzehnten ihre verhätschelten Teenager und jungen Twens direkt aus der High-School, direkt aus Klimaanlage und McDonalds hinausschickten in den vietnamesischen Dschungel, wo Schlangen, Minen und Guerillas auf sie warteten.

Das war der erste moderne Krieg, in dem die Abwegigkeit eines solchen Vorgehens einer nennenswerten Zahl von Eltern bewusst wurde. Kriegsführung, die mit hohen Verlusten an Jugendlichen einhergeht, ist mittlerweile für Eltern aus zivilisierten, hoch industrialisierten Nationen schwieriger geworden. Amerikanische Präsidenten gestalten ihre Außenpolitik nach der Prämisse, dass die Bevölkerung keine internationalen Abenteuer tolerieren wird, die tote junge Soldaten zur Folge haben. Das ist ein Fortschritt. Nicht in den Krieg ziehen zu wollen, hätte vor wenigen Jahrzehnten noch als feige, unmännliche Haltung gegolten. Heute darf auch derjenige sich Mann nennen, der eigentlich lieber nicht für sein Vaterland sterben will. Und das ist gut so.

Andere Opfer an Lebensqualität aber werden weiterhin gerne entgegengenommen. Wenn wir davon ausgehen, dass das Leben im Wesentlichen aus Arbeit, Beziehungen und Selbstfindung besteht, dann werden die meisten Männer stiefmütterlich abgefertigt. Selbstfindung? Bei allen Einschränkungen, die Frauen erleben, ist ihr Horizont für Selbstdarstellung deutlich weiter als der von Männern. Sie dürfen sich expressiver verhalten, im Laufe ihres Lebens öfter mal den Schwerpunkt wechseln, einfach in jeder Hinsicht bunter sein.

In der öffentlichen Diskussion ist oft davon die Rede, wie schwer es Frauen nach einer Scheidung haben: als Alleinerzieherinnen überlastet, mit finanziellen Sorgen und der Schwierigkeit, nebst Kinderballast noch ein eigenes Privatleben zu haben. Das stimmt, ist aber unvollständig erzählt. Die deutliche Mehrheit aller Scheidungen wird von Frauen eingereicht. Das war früher anders. Früher hielten die Frauen durch, ob sie in ihrer Ehe glücklich waren oder nicht, weil das immer noch besser schien als die Alternative. Heute beschließen Tausende von Frauen – und das in voller Kenntnis der zu erwartenden Schwierigkeiten –, ihr Leben alleine oder alleine mit den Kindern fortzusetzen. Es verschlechtert sich ihre wirtschaftliche Situation, aber vermutlich erwarten sie sich, dass sich ihre emotionale und soziale Situation verbessern wird. Was bleibt der Frau? Ihr bleibt die Erziehungs- und Familienarbeit. Doch diese Bürde trug sie in aller Regel auch während der Ehe. Es bleiben ihr meist die Kinder. Oft kommt es zu einem Sorge- und Besuchsrechtsstreit. Daraus können wir schließen, dass Kinder bei aller Arbeit, die sie machen, und allen Kosten, die sie verursachen, von ihren Eltern trotzdem unter dem Strich als Bonus betrachtet werden, um den es sich lohnt, zu streiten.

Kinder – die Zeit mit ihnen, die Beziehung zu ihnen, die Nähe zu ihnen – sind äußerst ungleich verteilt in unserer Gesellschaft zugunsten der Frauen. Ursache ist nicht die Rechtsprechung, die in unfairer Weise die Mütter begünstigt, sondern Ursache ist die Organisation des gesamten gesellschaftlichen Alltags, und Ursache sind die Gewohnheiten, Einstellungen, Erwartungen und Verhaltensweisen von Männern und Frauen in dieser Gesellschaft.

Die enorme Wut, die bei geschiedenen Männern und besonders deutlich bei radikalen Väterorganisationen oftmals zum Ausdruck kommt, ist absolut berechtigt, auch wenn sie sich zu Unrecht gegen die gemeine Exfrau, den unverständigen Richter oder die unflexible Justiz richtet. Männer werden um ganze Lebens- und Gefühlsbereiche betrogen. Wir wünschen unseren Söhnen etwas Besseres.

Literaturhinweise

Benard, Cheryl u. Schlaffer, Edit: *Die Emotionsfalle. Vom Triumph des weiblichen Verstandes*, Frankfurt/M.: Wolfgang Krüger 1999

Dies.: *Mütter machen Männer. Wie Söhne erwachsen werden*, München: Heyne 1996

Dies.: *Wie aus Mädchen tolle Frauen werden. Selbstbewusstsein jenseits aller Klischees*, München: Heyne 2000

Biddulph, Steve: *Jungen! Wie sie glücklich heranwachsen,* München: Beust 1998

Bly, Robert: *Die kindliche Gesellschaft. Über die Weigerung, erwachsen zu werden*, München: Kindler 1997

Elkind, David: *Das gehetzte Kind*, Bergisch Gladbach: Bastei Lübbe 1992

Olivier, Christiane: *Die Söhne des Orest. Ein Plädoyer für Väter*, München: dtv 1997

Pollack, William F.: *Richtige Jungen. Was sie vermissen, was sie brauchen – Ein neues Bild von unseren Söhnen*, Bern, München, Wien: Scherz 1998

Postman, Neil: *Das Verschwinden der Kindheit*, Frankfurt/M.: S. Fischer 1986